高等院校数字化课程创新教材

供高职高专医药卫生类各专业使用

职业生涯规划与就业创业指导

主　编　李　毅
副主编　许丽红　冯莉莉
编　者　(按姓氏汉语拼音排序)
　　　　曹　旭（长沙卫生职业学院）
　　　　冯莉莉（鄂尔多斯应用技术学院）
　　　　郭东勤（毕节医学高等专科学校）
　　　　郝良强（济南护理职业学院）
　　　　李　谭（廊坊卫生职业学院）
　　　　李　毅（长沙卫生职业学院）
　　　　刘永仓（南阳医学高等专科学校）
　　　　王　爽（重庆医药高等专科学校）
　　　　王艳春（包头医学院职业技术学院）
　　　　王益兰（长沙卫生职业学院）
　　　　许丽红（广州卫生职业技术学院）

科学出版社

北　京

内 容 简 介

本书共分上、中、下三篇。上篇为"规划成就梦想",共4章。第1章主要介绍如何规划我的大学学业和大学生活,第2章至第4章主要介绍职业生涯规划的内涵与原则、步骤与方法以及职业生涯规划书的制定与措施。中篇为"就业成就事业",共2章。第5章介绍就业形势与政策,第6章主要介绍就业材料的准备与面试技巧。下篇为"创业改变人生",共2章。第7章介绍创业形势与政策,第8章主要介绍创业与发展。

本书可供高职高专医药卫生类各专业使用。

图书在版编目(CIP)数据

职业生涯规划与就业创业指导/李毅主编.—北京:科学出版社,2017.6
高等院校数字化课程创新教材
ISBN 978-7-03-053367-8

Ⅰ.职… Ⅱ.李… Ⅲ.大学生-职业选择-高等学校-教材
Ⅳ.G647.38

中国版本图书馆 CIP 数据核字(2017)第 134832 号

责任编辑:张映桥 张立丽/责任校对:张凤琴
责任印制:李 彤/封面设计:张佩战

版权所有,违者必究。未经本社许可,数字图书馆不得使用

科学出版社 出版
北京东黄城根北街 16 号
邮政编码:100717
http://www.sciencep.com

北京虎彩文化传播有限公司 印刷
科学出版社发行 各地新华书店经销

*

2017 年 6 月第 一 版　　开本:787×1092　1/16
2023 年 1 月第六次印刷　　印张:7 3/4
字数:184 000
定价:29.80 元
(如有印装质量问题,我社负责调换)

前　言

当前,职业生涯规划与就业创业在大学生课程体系的设置中地位越来越重要。对大学生进行职业生涯规划和就业创业指导,已经成为人才培养和毕业生就业工作的重要组成部分。根据教育部《关于大学生职业发展与就业指导课程教育要求》和就业创业工作相关文件精神,我们编写了这本《职业生涯规划与就业创业指导》。

本书旨在帮助大学生正确认识自己、规划人生;助其尽早了解社会对人才的需求,端正学习态度,从而提升自身的就业竞争力,科学规划自己的职业生涯,培养自主创业意识,帮助大学生做好就业创业的准备。

本书最大特色是实用性和操作性。在系统深入地介绍职业生涯规划理论的基础上,结合就业创业政策和形势,对教材结构整合优化,内容梯次渐进,简洁明了,易于阅读,便于学习。本书由案例入手,添加链接,注重理论与实践相结合,内容丰富,针对性强。

本书共分上、中、下三篇。上篇为"规划成就梦想",共4章。第1章规划我的大学,第2章职业生涯规划的内涵与原则,第3章职业生涯规划的步骤和方法,第4章职业生涯规划书的制定与措施。中篇为"就业成就事业",共2章。第5章就业形势与政策,第6章就业材料的准备与面试技巧。下篇为"创业改变人生",共2章。第7章创业形势与政策,第8章创业与发展。

参编教师既有从事本课程教学工作的一线教师,也有从事就业创业的专家,在编写过程中,各位编者反复讨论,精诚合作,力求提供一本系统、科学、新颖、创新、实用且具有特色的医卫类学生通用教材。

在本教材编写过程中,得到了各编写老师所在单位领导的关心、支持,在此深表谢意,由于编写时间紧、编者水平有限、难免有不妥之处,恳请各位读者提出宝贵意见,使之日臻完善。

李　毅

2017年5月

目录
CONTENTS

上篇　规划成就梦想

第1章　规划我的大学 / 3
第1节　规划我的大学学业 / 3
第2节　规划我的大学生活 / 5

第2章　职业生涯规划的内涵与原则 / 11
第1节　职业生涯规划的概念和作用 / 11
第2节　职业生涯规划的分类和原则 / 16

第3章　职业生涯规划的步骤和方法 / 21
第1节　职业生涯规划的步骤 / 21
第2节　职业生涯规划的决策方法 / 27

第4章　职业生涯规划的制定与实施 / 36
第1节　职业生涯规划书的制定 / 36
第2节　职业生涯规划的实施 / 40

中篇　就业成就事业

第5章　就业形势与政策 / 49
第1节　就业现状与形势 / 49
第2节　树立科学的就业观 / 56

第6章　就业求职准备与面试技巧 / 61
第1节　就业信息收集与求职简历的制作 / 61
第2节　面试的策略与技巧 / 69

下篇　创业改变人生

第7章　创业形势与政策 / 81
第1节　创业现状与形势 / 81
第2节　树立科学的创业观 / 86

第8章　创业与发展 / 93
第1节　创业准备 / 93
第2节　创业团队 / 101
第3节　创业成才 / 105

教学基本要求 / 112

参考文献 / 116

上篇
规划成就梦想

《礼记·中庸》中提到：凡事预则立，不预则废。"预"即准备、规划之意。古往今来，但凡有所成就之人，无不有明确具体的人生目标、系统完整的人生规划。

诸葛亮躬耕于陇亩，而天下事了然于胸，夙兴夜寐，鞠躬尽瘁，故成一代名相；范仲淹两岁而孤，少有大志，每以天下为己任，发愤苦读，终成一代名家；左宗棠屡试不第，仍心忧天下，读破万卷，排除万难，方成中兴名臣。

由此可以看出，但凡有所成就之人，其成长规律无不有清晰明确的人生规划，这种目标规划对其成长具有巨大的导向作用。

大学生处于人生最美好的阶段、最关键时期，这一时期，专业方向逐步明确，未来职业逐步定型。要想在激烈竞争的当代社会中勇立浪尖潮头，做好职业规划十分重要！规划成就梦想！

现代社会是一个资讯发达的社会，也是一个充满竞争的社会。作为新时代的大学生，提前做好自己的规划会让我们更好地适应社会。首先，要规划好自己的大学，规划好大学学业和大学生活，不能在浑浑噩噩中耗费青春；其次，要对自己的性格能力有清醒的认识，正确地评价个人的特点和强项才能找准职业方向，通过不断地学习使自己的能力变强，为自己提供前进的动力，并在职业中发挥个人优势；最后，要对现在的就业形势、政治环境、经济环境及文化环境有充分的认识，把自己的追求与这个时代结合起来，更好地实现自我的人生价值。

有了清晰的目标规划以后，贵在行动，贵在坚持。大学阶段切忌好高骛远，华而不实。"千里之行，始于足下""知而不行，犹无知也"，都是讲行动的重要。"滴水穿石"不是水的力量，而是坚持的力量。"三天打鱼两天晒网"，永远无法成功。成功和失败只有一步之遥，要想实现梦想，关键在于持之以恒。

有一首歌叫《我的未来不是梦》，中间有这样一段歌词：我的未来不是梦，我的心跟着希望在动；我的未来不是梦，我认真地过每一分钟。未来需要梦想，规划成就梦想。

本篇为上篇，主题就是"规划成就梦想"，本篇从四个章节作分析和阐述。即第1章规划我的大学，第2章职业生涯规划的内涵与原则，第3章职业生涯规划的步骤与方法，第4章职业生涯规划的制定与实施。

第1章 规划我的大学

大学是人生的关键阶段。同学们结束了中学的寒窗苦读，不再有高考的压力，开始发展自己的兴趣爱好，追求自己的理想和人生目标。可以自由处理生活和学习中遇到的各类问题，支配属于自己的时间。但是，现实往往没有想象的那么美好，新的环境、新的学习方式和生活方式都与中学不一样，这需要一个适应的过程。家长、老师管得没有那么具体了；部分学生的自我约束、自我管理、自我控制的能力还不高，放松了对自己的要求，缺少了拼搏的精神和动力。这样一来，一些大学生开始感到茫然和困惑。如何走出茫然、走出困惑？如何规划好我的大学？就是这一章阐述的重点。

第1节 规划我的大学学业

● 案例1-1

小哲是某高职院校眼视光技术专业的一年级新生。在班级第一次班会上，辅导员老师说："班上的每一个同学，要珍惜在大学的每一天，一定要做好大学学业规划……"小哲不解地问："我们不就是按照学校安排的课程去上课，每个期末参加考试，所有科目考试合格了，三年后就顺利毕业吗？还要做什么学业规划？"

请问：1. 你同意小哲的说法吗？
2. 进入大学后，你是否有自己的大学规划？

学业是学生未来立身之本。大学的学习既要求学生掌握深厚的基础理论和专业知识，又要求重视各种综合能力的培养，特别是发现和解决问题的能力，为将来就业做储备。这就要求我们要重视并理解学业规划的意义，按照科学步骤合理规划学业。

  学业规划步骤

（一）学业规划的选定

首先，分析自己的兴趣、爱好和理想目标，确定自己想干什么。选择自己喜欢的专业并为之努力奋斗。原动力大、持续奋斗信心足，成功性就更大。其次，合理分析自己的能力，确定自己能干什么。能力是完成一项目标或任务所体现出来的素质。人们在完成活动中表现出来的能力有所不同，任何一种职业都要求从业者掌握一定的技能，具备一定的条件。在确定自己想干什么的基础上确定已经具备的能力和应该培养的能力。最后，分析社会要求是什么。分析当今社会的新常态和经济发展的新态势，立足于社会不断发展变化的需求，避免随大流、挤热门的做法，因为现在最热门的行业，若干年后就业的形势未必依然好。选择人才紧缺，又有利于发挥自身优势的专业方向，把自己的兴趣爱好、综合能力同社会需求密切结合起来，把想干什么、能干什么、社会要求干什么有效地结合起来。

当然，大学生进入大学就已经大致选定了自己的专业方向。当我们发现所选专业并非自己所爱，如果确定无法改变现状，就需要调整自己的心态，既来之则安之，爱自己所选的专业。

（二）强化学业规划

虽然许多大学生确定了学业规划，但是出现了"不实施、不能持续地实施或中途放弃"的现象，最终他们无法完成学业规划。造成此类现象是由于大学生在规划时，缺少了一个重要环节，即对学业规划的不断强化。强化学业规划是大学生在落实规划的过程中，不断地思考并认可学业规划的好处，从而产生一步步落实学业规划的紧迫感，从而培养出积极的心态，进而增强内生动力，加快学业规划完成的速度。

（三）分解学业规划

学业总目标制定出来以后，需要对总目标进行分解。要制订详细的学习计划，才能保证学习效果。以3年制高职高专的同学为例，制定好3年的总学习目标后要逐步分解为每年的学习目标、每学期的学习目标、每个季度的学习目标和每周的学习目标。学业规划按学业的不同阶段又分为在校学习阶段、实习阶段、毕业设计阶段，每个阶段要有年、月、周、天的学习目标。这样一来，学业规划就能落实到每一天。

（四）学业规划评估与反馈

在学业规划实施中，为保障计划的落实与目标的实现，应及时对环境、条件做出阶段性的评价和估计，对自己的能力及执行情况进行小结和判断。因此，应做到定期评估与反馈，每学年、每学期、每月、每周定期进行检查评估，评估结果出来以后进行反馈，及时反省和修正学业目标，适当调整实施措施和计划。同时，详细地分析具体的原因，找出改进的方法和制定有效的措施。

（五）激励与惩罚

有效激励措施能将人的潜能和积极性激发出来，而适当的惩罚在一定的程度上可控制惰性的产生。学业规划能否顺利实现，需要设立有效的激励与惩罚机制，并持之以恒贯彻执行。

学业规划的意义

（一）指导大学生完成学业

刚进入大学校园的大学生们通常要经过一段时间的适应期。学习方式、生活方式以及周围环境的变化，会让他们产生无所适从的松弛感和茫然感。大学生学业规划能够通过分析个人的兴趣和能力，帮助新生们明确目标，科学合理地安排他们的学习和生活，使他们充实、圆满地度过这段过渡期，从而顺利地完成大学学业。

（二）提高大学生综合素质

学业生涯规划能让大学生们更清楚地认识自己，更加明确自己的学习目标。并且根据自身特点而制定的学业规划，也能使大学生们不断挖掘自我的潜能，不断地完善自己的人格，培养善待他人的处世性格，构建良好的人际关系，提高竞争力和创新能力。

（三）构建合理的知识结构

坚持广博性与精深性、理论与实践、积累与调节相统一的原则，培养深厚扎实的基础、专业知识，构建合理的知识结构。学习知识的过程没有捷径可走，就是要不断地学习和积累。必须坚持不懈地付出辛勤的劳动，并采取适合自己的科学方法，通过不断努力、辛苦耕耘，就一定能建立和完善自己的知识结构，为顺利就业打下坚实的基础。

● 案例 1-2

余同学说："我的大学生活很机械，但很有规律，定时定期的去运动，定时从图书馆回家睡觉。学得很累了，就去健身，既锻炼了身体，又可以抵消学习的疲惫。我睡得较晚但从不通宵，哪怕大考之前也不。因为有一个良好的习惯可以使生活变得很有效率。"学习、运动、健身、社交有机结合，能够提供一个健康的生活方式。

请问：大学应该养成一种怎样的学习习惯？

（四）锻炼较强的实践能力

知识与能力是紧密联系在一起的，但知识并不等于能力。因此，大学毕业生只有建构合理的知识结构、培养出科学的思维方式和锻炼好较强的实践能力，才能在择业、就业中一路顺畅。大学生应具备的能力包括表达能力、动手能力、适应能力、交际能力、管理能力、创造能力、决策能力等。培养实践能力的方法和途径主要是启迪思维、发展兴趣、勤奋学习和勇于实践等。

（五）促进对人生意义的思考

逐步完善大学生的世界观、人生观和价值观。通过继续深造，使大学生们在思想、精神和知识等方面到升华。同时，学业规划的实施，专业和职业方向的明确，也使得大学生们对国家、对社会的责任感和使命感更加强烈，在一定程度上对人生意义的思考也更加深刻。

第 2 节　规划我的大学生活

大学生活是丰富多彩的，每个人的大学生活都会不同。总的来说，大学生活主要包括关注社会、学会做事、学会人际交往、学会处理自己的情感、参加社团及学会实践。

● 案例 1-3

小溪同学是某高职院校康复治疗技术专业的一年级新生，在一次班级讨论会上，辅导员老师说："为了丰富大学生活，锻炼多方面的能力，每个同学都要认真规划好大学生活……"小溪同学不解地问："大学生活应该是轻松、愉快、随意。打打球、唱唱歌、跳跳舞、到外面走走，怎么还要进行整体规划呢？"

请问：1. 对小溪同学的说法，你怎么看？
　　　　2. 规划我的大学生活有什么意义？

一 大学生生活规划内容

（一）关注社会

关注社会，关注时事。古人云：风声、雨声、读书声，声声入耳；家事、国事、天下事，事事关心。大学生是社会栋梁，不能脱离这个社会。同时，积极向党组织靠拢，争取成为一名中国共产党党员。入党是有志青年的一种政治追求，追求入党本身就是一种进步，一种过程，也是一种境界。因此，青年大学生积极要求入党，要端正入党动机，严格按照党员标准要求自己。不断提高自己的综合素质和实践能力，不断地接受组织的考验。

（二）学会做事

充分发展个人能力，特别是自学能力、实践能力和创新能力。社会处处都是施展才华的空间，会不会做事？能不能做成事？就看愿不愿意，善不善于充分发挥自己的才能。学会做事，就是要有一个良好的、积极的心态，把自己的能力发挥到最大程度。

（三）学会人际交往

许多同学在来到大学之前从没有离开过父母，没有离开过家，没有独立生活经历。进入大学，首先要解决的就是独立生活的问题和如何融入集体的问题。必须以平等、真诚、尊重的心态来锻炼和提升自己，通过与老师、同学和社会人的交流合作来提高自身的人际交往能力。

（四）学会处理自己的情感

大学是人生最纯洁、最美好的情感阶段，包括同学之情、室友之情，尤其是爱情。爱情是人类的基本感情之一，是年轻人特别关注的话题，也是大学生宿舍"卧谈会"的热门内容，大量事实证明，最让大学生心醉与神往的爱情，同时也是最大的"烦恼源"。校园爱情是短暂的，失恋成为越来越多的大学生引起情感波动的主要因素，面对失恋的打击，有的同学不能走出失恋的阴影，以至于影响自己的日常生活，有的甚至会失去理智。即使失恋了，也要友好地说声再见，经历了失恋磨难的人，一旦重新站起来，将会显示出强大的力量。

（五）积极参加社团

大学生社团是高校学生依据共同的兴趣爱好而自愿组成，按照一定章程自主开展活动的群众性组织，是大学生自我教育、自我管理、自我服务的重要阵地，是实施素质教育的重要途径，也是开展大学生思想政治教育的有效形式。

1. 合理地选择社团

（1）社团选择要多结合实际情况，不应盲从：自己对社团有什么设想？想从社团活动中获得什么？参与的社团带给自己什么样的影响？只有明确自己对社团的期望，才能正确定位，以此为据找到符合自身特点的社团。明确自己的兴趣爱好，选择适合自己的社团，尽自己最大的努力去参与，这样才能收获自己想得到的知识和能力。

（2）社团的选择要少而精，不要多而杂：各种社团聚集在一起，让人"眼花缭乱"，由于一个人时间和精力有限，你只能有限地选择自己最迫切想要加入的社团。有些同学选择参与比较多的社团活动，由于时间的问题，部分社团活动无法参与。为此，在选择社团时，认真掂量，反复思考，一旦选择了喜爱的社团，就要积极参与，充分地锻炼自己的能力。

（3）社团的选择要多考虑与自身的相关性：如果在大学里能加入一个以自身专业为兴趣方向的社团，可以与大家进行深入沟通交流，将专业学习进一步深化、拓展，并使课堂内外相辅相成、互相促进。

案例 1-4

曾任全球某一互联网公司中国区副总裁的曹总在谈到他的大学社团生活时说，大学社团活动对他的锻炼和成长有着很大的作用。他通过认真规划，在大学期间积极参加了环保、英语、登山、慈善、互联网、演讲与口才等社团，表现得非常活跃，成为社团中重要骨干力量，同时，增进交流、开阔思维，也获取了许多最新社会经济信息。通过自己不懈的努力，曾担任学校学生会办公室主任、副主席。自己各方面能力得到大幅度提升，学生会的工作也有大的突破。大学期间，自己也有3次创业经历，开始时历经艰难、困惑，之后在失败中成长和锤炼，始终坚持着自己的梦想，永不放弃，将小公司经营得"有模有样"，同时吸纳家境贫困的同学一起创业或就业，解决了10多个贫困学生的学费、生活费问题。

他说："我从大学社团活动中提升了自己与他人相处的能力，激发了专业潜能，培养了创新创业的能力。"

请问： 1. 曹总的职业成功是否与大学期间参与社团活动有关系？
2. 曹总的大学社团经历对你有哪些启发？

2. 多方面历练自己 部分同学对社团认识存在误区，认为社团活动不过就是娱乐活动，可以由自己的心情确定去或不去，随意性很大。这样，就违背了社团的宗旨，是对自己和社团不负责任的态度和行为。

每个社团都会有明确的章程，是有共同爱好和追求的人为实现自己的目标而集聚在一起。社团能够让参与者体验到归属感、成就感和幸福感。作为社团的成员，要想在社团中得到最大程度的锻炼，最大限度地实现自己的价值，就要充分发挥自己的主动性、能动性，尽情地释放自己的激情和活力。

（1）能培养学生的社会责任感：参加社团能增强学生的集体荣誉感和团队凝聚力，培养学生的社会责任感。在各类社团活动中，大学生常常进行集体性的活动，不断地产生集体向心力和凝聚力。

（2）能培养学生良好的情绪调控能力：在社团活动中，同学们会不断地遇到许多不同的人和问题。为了解决这些问题，大学生要学会与各种性格的人打交道、沟通交流，还要学会运用各种方法。为此，不管遇到什么样的事，都要控制好自己的情绪。

（3）能培养学生适应社会的能力：大学生社团活动不仅具有思想性、趣味性、娱乐性和实践性，还具有一定程度的社会性。在社团活动中大学生能学到课堂上学不到的知识，并在实践中亲身体会到、感触到。现在大学生的社团活动范围不再局限于本校校园内，会延伸到其他学校或社会其他领域。社团搭建了学生与其他学校、与社会沟通的桥梁。

（4）能培养学生与人交往的能力：在社团中，大学生能接触许多来自不同地方、不同性别、不同专业的同学，学会与多种人员交往，学会交流、合作和研讨，学会做人、尊重他人，在社团中不断地成长、创新和发展。

（5）能培养竞争合作的能力：在社团里，学生在竞争中合作，在合作中竞争。大学生既要有丰富而扎实的知识，又要有强烈的竞争意识、合作意识。社团活动是在竞争合作中，逐步提升服务质量，扩大社会的影响。

丰富的社团活动使大学生在走向社会时，能充分运用专业知识和调动所需的各种综合素质，培养出团队合作能力和领导能力，还能开拓理念思维，创新工作方法，在社团活动中创造出大智慧。

3. 合理规划社团生活　大学生在选择社团时，常常会遇到这样的问题，对许多个社团都感兴趣，都想参加。有的同学还常常遇到社团活动与专业课冲突的情况，难以取舍。遇到此类问题时，需要你冷静下来思考，权衡利弊，做出正确的选择。这种选择就是人生成长道路的一次考验，会让你受益匪浅。

虽然大学社团生活丰富多彩，但大学生还是要不忘自己的主业，学习好专业知识，在紧张的学习之余，发展自己的特长和兴趣。这才是最科学、合理的大学生活。

4. 参加社团意义

（1）大学生社团活动有利于大学生全面发展：大学生社团是高校课堂教育的补充和延伸。社团活动具有实践性、社会性，为学生综合素质的提高提供了广阔的平台。各种社团组织有利于大学生开阔视野、增长知识、培养能力、陶冶情操。

（2）大学生社团活动有利于大学生心理成熟、人格完善：据调查，有20%的大学生存在不同程度的心理障碍，不少高校开设了心理辅导室、心理咨询热线电话，大学心理辅导老师鼓励同学们多参加学校社团，敞开心扉，融入集体中去，去感受集体的温暖。

（3）大学生社团活动有利于大学生社会实践能力的培养：大学生从高中校门到大学校门，书本知识的确学习了不少，但弱点是社会实践能力差、适应性差、适应周期长。通过大学生社团活动，有利于培养大学生社会实践能力。

（六）社会实践

1. 学生校外兼职　当前，许多大学生走出校园寻求兼职，究竟应该通过什么渠道获得兼职信息？有哪些工作适合大学生去做？如何获得合理的报酬？如何让自己真正得到锻炼？这些都是要面对并解决的问题。

（1）慎重选择兼职的途径：新生入校后，由于没有熟人介绍，大部分都是自己寻找兼职。一段时间以后，经老师、同学和朋友介绍的方式来寻找兼职的情况也随之多了起来。学校勤工俭学中心也会为许多同学提供兼职的机会。报纸广告、招聘网站也有不少正规兼职信息。

由于越来越多的大学生想获得兼职，市场需要很大，一批批不法分子在大学校园内打着"校园中介"的幌子，来骗取学生的中介费。大家一定要谨记，如有"中介"搬出一堆资证文件，要求你交中介费，那么你一定不要去。因为正规的中介公司一般是向被介绍人收咨询费，而不是向提供服务人收取费用。一般通过老师、亲戚和朋友的介绍获得兼职是比较可靠的。

（2）拓展兼职渠道：家教一般是大学生首选的兼职。是因为做家庭教师相对比较轻松，社会地位还比较好，收入也不错。虽然家教可以提高交际沟通能力，但是这种锻炼是很有限的。实际上，大学生根据自己的特长或专业，还有许多种兼职可以选择，如利用寒暑假到企业园区去顶岗实习；不要工资待遇，到自己向往的企业做兼职；到旅游胜地兼职导游或向外国人提供导游服务；参与公司节日礼仪或促销活动；做兼职记者、现场活动主持人、市场调研员等。

（3）学会保护自己：大学生由于缺乏社会经验，在从事兼职时容易掉入多种陷阱。有些用人单位抓住大学生的求职心理，将大学生作为自己的廉价劳动力。在与用人单位协商劳动报酬时，如果对方过于苛刻，一定要拿起法律的武器，保护好自己的权利。事前争取权利远比事后要有利。如在协商劳动报酬时，对方提出了不符合《劳动法》、《合同法》的"霸王规定"，一定要坚决地予以抵制，要据理力争。

（4）态度决定一切：大学生兼职目的主要不是为了挣钱，而是体验生活，积累工作和社会经验，为毕业后求职做好充分的准备。做好兼职，先是态度问题，只要态度积极，珍惜工作中每一次锻炼的机会，就一定能将事做好，得到用人单位和同事的肯定。

（5）注重兼职层次：通过大学兼职真正地提高自己，就须对从事兼职有一定的要求。如果自己毕业后想做一名优秀的程序设计员，但在大学兼职期间只做了一点类似散发传单、办公室内勤的工作，这将对你奋斗目标没有太多的帮助。不要认为所有兼职都能有效地锻炼自己。在大学生活中，一定要找到与自己的发展目标相符合的兼职。

（6）不要沦为兼职学生：大学生千万不要把兼职和正常学习"本末倒置"。如果正常的学习都没保障，却想在毕业后找一个良好的工作，这肯定会存在问题。为此，大学生应该珍惜在校的每一天时光，多积累专业知识，为以后能充分施展才能做准备。

2. 参加社会实践　丰富的社会实践能为大学毕业生找工作提前做好准备。大学生社会实践主要有专业实践、社会调查、志愿服务等。

（1）专业实践：走进企事业单位进行实习锻炼，加强专业知识学习，是大学生校外实践的一种好方式。据相关权威统计：超过半数的大学生曾有过因没有工作经验而被用人单位拒绝的经历。特别是新《劳动法》实施后，用人单位为了有效地控制人力成本，将有工作经验的人作为首选，这也使得大学生的就业形势更加严峻。为了积累"工作经验"，大学生盲目地、天真地将促销、家教、打字、复印等工作当"工作经验"。实际上，这些"工作经验"与用人单位的要求相差太远。

用人单位所谓的工作经验更多的是指专业实践，即大学生在自己所学专业上所积累的经验，而这才是用人单位真正需要的。通过参与用人单位合作的校园招聘或假期实习生计划，不仅有助于大学生积累到用人单位所认可的"专业实践"和"工作经验"，还能让大学生的人生经历增光添彩。

（2）社会调查：社会调查一般是大学生利用寒暑假，围绕经济社会发展的重要问题，开展社会研究，提出解决问题的意见和建议，形成调研成果的一种校外实践形式。大学生可以通过社会调查来正确认识社会现象，掌握科学研究方法，提出分析问题和解决问题的能力，努力把握事物的本质和规律。

社会调查的形式和内容是极为丰富的，主要包括以下方面：

1）结合专业进行社会调查：通过考察了解专业的发展情况、社会需求度以及在国家建设中的地位和作用，考察所学专业的就业形势及方向，帮助确定个人职业规划和专业学习目标，从而激发对专业的学习热情和积极性。

2）结合社会热点进行专项调研：大学生应关注社会发展，从自己的角度，针对社会热点问题进行专项调研，提出自己的看法和建议，打开思路，提高自己分析问题、解决问题的能力。

3）结合国情开展民族文化的考察调研：大学生以伟大的民族、悠久的历史、富饶的资源和美丽的山河等为专题，通过考察学习历史和地理知识，了解中华民族的灿烂文化，增加文化自信力，增强民族自豪感。

4）结合家乡的发展变化调研活动：大学生以热爱家乡、了解家乡、为家乡做贡献为主题，对家乡风土人情、自然资源、周边环境等进行调查，对家乡的现状进行评估，对家乡的未来进行思考，并通过多种方式宣传、推介家乡，将家乡土特产、农产品、创业成果的信息带到市场。

（3）志愿服务：大学生志愿服务活动是热心公益事业的大学生利用业余时间志愿为社会和他人提供服务与帮助的一种活动方式。它的特点有两方面，一是在实践中体现个体和集体的自觉行为，发挥大学生在活动中的主体作用，尊重大学生的选择和需求。二是充分发挥社会教育的作用，注重实践。

大学生志愿服务活动的现实意义如下:

1)大学生志愿服务活动对于构建社会主义和谐社会具有重要意义:大学生志愿者是国家、政府与人民群众相互沟通的桥梁,弘扬了"奉献、友爱、互助、进步"的志愿精神,他们用自己的实际行动给社会(特别是弱势群体)提供更多的无偿服务,增强了人与人之间的关爱,一定程度上缓解了社会矛盾。

2)大学生志愿服务活动是大学生实现自我价值的重要形式:大学生开展的志愿服务仅仅停留在校园是不够的,要走出校门,走向社会。把大学所学知识服务人民,服务社会,在实践中提高自己,展现出自身价值和当代大学生精神风貌。

3)大学生志愿服务活动是弘扬校园精神文明的重要载体:大学生志愿者的示范带动将逐渐形成积极向上的校园风气和校园文化。高校是社会主义精神文明建设重要的示范区和辐射源,高校的精神文明建设不能仅局限于校园以内,还应积极融入社会,参与全社会的精神文明建设,增强校园文化与社会文化的交流互动。一方面,青年志愿者行动所体现的校园文化精神引导着社会公众朝着健康的方向发展;另一方面,青年志愿者行动又使校园文化不再封闭,大学生自觉地将民主参与、公平、法制、竞争、效率等公民参与意识带入校园,使校园文化在与社会文明融合的同时,也感染和熏陶着每一位大学生。

大学生活规划的意义

(一)大学生活规划有助于学生全面认识自己

大学生活规划是对培养兴趣爱好、学会为人处世、参与社会实践等事项的合理安排。结合个人实际,有助于学生发掘自我潜能。同时,也促使学生常常自我反省,全面真实地不断认识自己。

(二)大学生活规划有助于学生明确自身发展的方向与目标

当大学生对自己的大学生活有了整体规划后,明确了自己的发展方向和奋斗目标,就不再可能出现精力分散、迷迷糊糊、无方向无目标的现象。大学生主动思考自己现有能力和素质,并根据个人特点和潜在优势,明确各阶段目标,努力提升自身,实现自我价值、社会价值。

(三)大学生活规划有助于学生提升适应社会的能力

当前,社会竞争激烈,大学生要想把握好社会发展有利时机,顺应社会发展形势,实现人生长远的目标,必须具有很强的社会适应能力。大学生活规划对大学生社会适应力的提升影响很大。如果没有做好大学生活规划,没有科学合理安排社会实践,能力是不可能提高的,必然导致缺少社会竞争力。大学生应分析社会形势,收集并梳理相关信息,找到适合自己的立足点,早日积累竞争实力,增强社会适应性,在社会竞争中脱颖而出。

> 思考与讨论
> 1. 采访三个不同年级的同学,看看他们对各自大学学业和生活有什么不同看法?
> 2. 如何理解"丰富多彩的大学生活"和个人职业生涯规划的关系?

(曹 旭)

第2章 职业生涯规划的内涵与原则

大学时代是个体成长的重要时期，大学生处于职业探索和职业准备阶段。在学习、生活过程中，尽早认识自己，实现自我的准确定位，尽早确立科学的职业生涯规划，有目的、有方向地提高自己，有利于各位同学少走弯路，实现个人与职业的统一，尽快取得就业成功。到底什么是职业生涯规划？制定职业生涯规划要遵循什么原则？让我们在本章的学习中共同了解。

第1节 职业生涯规划的概念和作用

● 案例2-1

小琳是护理专业的新生，在班级迎新见面会上，辅导员老师说："大家进入大学后，除了学好专业知识，还要学会做自己的职业生涯规划，为自己将来的职业选择做准备……"小琳疑惑地问到："老师，我们护理专业的学生毕业后不是去医院当护士的吗？还需要做职业选择吗？"

请问：1. 小琳的说法你同意吗？
 2. 你怎么看待将来的职业选择？

古语云："凡事预则立，不预则废。"在今天这个人才竞争的时代，职业生涯规划开始成为就业争夺战中的另一重要利器。合理的职业生涯规划是提升就业能力的基础，是个人发展的指路明灯。

 职业生涯规划的基本概念

（一）职业

1. 概念　职业是个人参与社会分工，利用专门的知识和技能，为社会创造物质财富和精神财富，获取合理报酬，作为物质生活来源，并满足精神需求的工作。

职业是一个人的权利、义务、社会职责和社会地位的综合表现，同时也是人们的生活方式、经济状况、文化水平、行为模式、思想情操的综合反映，更是个人在社会上生存的重要符号，反映了一个人的社会身份、社会地位与自身文化、能力及素质水平等。

> **链接**
>
> ### 产业、行业与职业
>
> 　　产业、行业和职业都是社会分工的产物，是社会生产力不断发展的必然结果。
>
> 　　所谓产业，是指不同的国民经济部门，即由于社会劳动分工而独立出来的专门从事某一类别生产经营活动的单位的总和。一个国家社会经济的总体水平在很大程度上取决于这些产业的发展状况。一般来说，产业的划分是以劳动性质、作用和内容的同一性为标志，反映社会分工的发展水平。在中国，产业的划分通常为三次产业部门：第一产业为农业，包括种植业、林业、畜牧业、渔业等；第二产业为工业，包括采掘、制造、自来水、电力、蒸汽、热水、煤气和建筑各业；第三产业为除第一、二产业以外的流通和服务类产业部门。具体可分以下四个部门：①流通部门，包括交通运输业、邮电通信业、商业、饮食业、物资供销和仓储业等；②为生产和生活服务的部门，包括金融、保险、房地产、公共事业、居民服务、旅游、咨询信息服务业和各类技术服务业等；③为提高科学文化水平和居民素质服务的部门，包括教育、文化、广播电视业、科学研究事业、卫生、体育和社会福利事业等；④为社会公共需要服务的部门，包括国家机关、党政机关、社会团体以及军队和警察等。
>
> 　　所谓行业，是指其按生产同类产品或具有相同工艺过程或提供同类劳动服务划分的经济活动类别，如饮食行业、服装行业、机械行业、金融行业、移动互联网行业等。它表示了就业者所在单位的性质。
>
> 　　在社会发展中，随着新技术的出现，产生了新产品及相应职业的从业人员。随着新产品的生产及相应从业人员数量的不断扩张，新的行业逐渐形成。当新行业发展到一定规模时，就会与其他相关行业进行整合，依据发挥作用的程度并入或形成新的产业。产业、行业、职业的不同之处是它们在国民经济领域中，从着眼点的层次上是由高到低、概念上涉及的范围是由大到小。产业的着眼点是生产力布局的宏观领域，体现的是以产业为单位的生产力布局的社会分工，产业由行业组成。行业的着眼点是企业或组织生产产品的微观领域，体现的是以行业为单位的产品生产上的社会分工，行业由企业或组织组成。职业的着眼点是组织内工作人员的具体工种，体现的是以人为单位的劳动技能上的社会分工。

2. 要素

（1）职业名称：是指职业的符号特征，它一般由社会通用称谓来命名。

（2）职业主体：是指从事一定社会分工活动、具有承担职业活动所需要的资格和能力的劳动者。

（3）职业客体：是指职业活动的工作对象、内容、劳动方式和场所等。

（4）职业报酬：是指通过职业活动所取得的各种报酬。

（5）职业技术：是指劳动者在从事职业活动中所运用的自然技术、社会技术与思维技术的总和。它体现在人民从事职业活动时使用工具、材料工艺方法及材料、工艺方法的发展和应用，也包括尚未形成系统的经验。

> **链接**
>
> ### 职业分类
>
> 所谓职业分类，是指按一定的规则、标准及方法，按照职业的性质和特点，把一般特征和本质特征相同或相似的社会职业，分成并统一归纳到一定类别系统中去的过程。世界各国的国情不同，其划分职业的标准有所区别。
>
> 《中华人民共和国职业分类大典》是我国第一部对职业进行科学分类的权威性文献，1999年5月正式颁布实施。它在广泛借鉴国际先进经验（特别是《国际标准职业分类》ISCO-88）和深入分析我国社会职业构成的基础上，突破了过去以行业管理机构为主体，以归口部门、单位甚至用工形式来划分职业的传统模式，采用了以从业人员工作性质的同一性作为职业划分标准的新原则，并对各个职业的定义、工作活动的内容和形式以及工作活动的范围等作了具体描述，体现了职业活动本身固有的社会性、目的性、规范性、稳定性和群体性的特征。
>
> 《中华人民共和国职业分类大典》把我国职业划分为由大到小、由粗到细的四个层次：大类（8个）、中类（66个）、小类（413个）、细类（1838个）。细类为最小类别，亦即职业。第一大类：国家机关、党群组织、企业、事业单位负责人，其中包括5个中类，16个小类，25个细类。第二大类：专业技术人员，其中包括14个中类，115个小类，379个细类。第三大类：办事人员和有关人员，其中包括4个中类，12个小类，45个细类。第四大类：商业、服务业人员，其中包括8个中类，43个小类，147个细类。第五大类：农、林、牧、渔、水利业生产人员，其中包括6个中类，30个小类，121个细类。第六大类：生产、运输设备操作人员及有关人员，其中包括27个中类，195个小类，1119个细类。第七大类：军人，其中包括1个中类，1个小类，1个细类。第八大类：不便分类的其他从业人员，其中包括1个中类，1个小类，1个细类。

3. 特征

（1）同一性：同类别的职业内部，其劳动条件、工作对象、生产工具、操作内容相同或相近。由于环境的同一，人们就会形成同一的行为模式、共同的语言习惯和道德规范。在此基础上形成了诸如行业工会、行业联合体等社会组织。

（2）差异性：不同种类的职业间存在着各方面的差异，如劳动条件、工作对象、工作性质等都不同。随着社会的进步，新的职业不断涌现，各种职业间的差异也会不断变化。

（3）层次性：一般而言，从社会需要角度来看，职业并没有高低贵贱之分。然而，由于现实生活中对从事职业的素质要求不同以及人们对职业的看法或舆论的评价不同，职业便有了层次之分，这种职业的不同层次往往是由于不同职业体力、脑力劳动的付出、收入水平、工作任务的轻重、社会声望、权力地位等因素决定的。

（4）时代性：职业具有时代性，不同时代有不同的热门职业。我国曾出现过"当兵热""从政热""高考热""考研热""下海热""出国热""外企热"等，都反映出特定时期人们对某种职业的热衷程度。

> **链接**
>
> **职业的功能**
>
> 　　职业生活在人们社会生活中是居重要地位的活动，解决好职业问题对人的一生发展具有重大的意义。
>
> 　　从个人角度来说，职业是个人获得经济收入的来源，是个人维持家庭生活的手段；职业是促进个性发展的手段，当个人从事的职业能使个人的特长、兴趣得到充分发挥时，也就促进了个性的充分发展；职业还是个人在社会劳动中从事具体劳动的体现，是个人贡献社会的途径；职业也是个人获得名誉、权力、地位和金钱的来源。
>
> 　　从社会角度来看，职业的存在和职业活动构成了人类社会的存在和社会活动；职业劳动创造出社会财富，从而为社会的存在和发展奠定物质基础；职业的分工是构成社会经济制度运行的主体；职业也是维持社会稳定，实现社会控制的手段；职业的运动如职业结构的变化、职业层次间的矛盾的解决也是推动社会进步的一种动力。

（二）职业生涯

1. 概念　职业生涯是个人职业的发展历程，包括就业形态、工作经历以及与职业相关的活动，是个人从职业学习和培训开始到职业劳动结束所经历的发展过程。

2. 特点

（1）可规划性：许多时候，人们以为是偶然因素在左右他们的前程，但是从长远来看，职业生涯的发展是可以规划的，其目的不是预言职业生涯发展过程中的具体细节，而是给个人提供一个总体的职业生涯发展状态的指导，对职业生涯发展方向做出战略性的把握。职业生涯的可规划性正是表现在对职业生涯发展过程中许多偶然因素的把握上，以克服在职业生涯发展中因偶然因素而导致的盲目性。

（2）不可逆转性：职业生涯发展的不可逆转性是因为人的成长和发展过程具有不可逆转性。任何一个人的历史都是不能随意篡改和抹杀的，职业生涯发展的不可逆转性提醒人们要充分重视职业生涯发展中的每一步。今天的每一个选择，都可能影响你的下一步选择。正确认识职业生涯的不可逆转性目的就是要好好地设计自己，不给自己留下"如果能重来"的遗憾。

（3）差异性：每个人所从事的职业不同，个体状态不同，职业生涯就会有很大的差异性。即使从事相同职业或具有相同发展轨迹的人，由于个人心态、思想和价值观的不同，面对岗位工作就会有不同的感受。差异性并不妨碍人们对职业生涯发展规律的认识和运用，在职业生涯设计过程中，对职业生涯发展规律把握得越深刻，对自己的差异性认识得越充分，自己的职业生涯设计才会越有针对性。

（4）阶段性：这种阶段性一般以工作年限为主要特征，而且每一个阶段都会表现出不同的特点来。各阶段之间并不是并列关系，前一阶段的状态是后一阶段的基础。前一阶段的状态较好，后一阶段的状态才可能更好。前后阶段的接续关系无论是趋好还是趋坏，一般是递进的。因而，注意职业生涯发展的阶段性，高质量顺利地完成各阶段的任务对职业生涯的持续发展就显得非常重要。

（5）发展性：职业生涯是一个人一生连续不断的职业发展过程。发展性在职业生涯中的表现是多方面的。个人职业生涯发展的结果是整个社会的进步和发展。如果我们在职业生涯中能够注重发展性，就会主动发现和抓住每一个职业生涯发展机会，使自己更快更好地成熟起来。

> **案例 2-2**
>
> 你在为谁工作?
>
> 　　炎热的夏天，一群铁路工人在路基上检修，一辆火车缓缓驶来，人们注目观望。火车停下后，最后一节装有空调的车厢窗户突然打开了，一个友善的声音从里面传来出来："大卫，是你吗？"这群人的队长大卫回答："是的，吉姆，能看到你真高兴。"寒暄几句后，大卫被铁路公司董事长吉姆邀请上车谈话，在长达一个多小时的交谈之后，两人热情地握手道别。这群人立刻包围了大卫，他们对大卫居然是铁路公司董事长吉姆的朋友而感到非常震惊。大卫解释说，20多年前他和吉姆在同一天开始为铁路公司工作。有人半开玩笑半认真地问大卫，为什么他还要在炽热的太阳下辛勤工作，而吉姆却能成为董事长。大卫解释道："20多年前我为每小时1.75美元的工资而工作，而吉姆却为铁路事业而工作。"
>
> 　　这个故事让我们看到，即使从事相同职业，由于个人心态、思想和价值观的不同，面对岗位工作就会有不同的境界。而不同的境界会带来不同的工作状态，并创造不同的人生。
>
> 　　**请问**：大卫和吉姆对待职业有什么不同？

（三）职业生涯规划

1. 概念　职业生涯规划又叫职业生涯设计，是指个人与组织发展相结合，在对个人职业生涯的主客观条件进行评估、分析、总结的基础上，对自己的兴趣、爱好、能力、性格进行综合分析与权衡，结合时代特点，根据自己的职业倾向，确定自身最佳的职业奋斗目标，并为实现这一目标做出行之有效的安排。

> **链接**
>
> 工作三境界
>
> 　　近代著名学者王国维说："古今之成大事业、大学问者，必经过三种之境界：'昨夜西风凋碧树。独上高楼，望尽天涯路'。此第一境也。'衣带渐宽终不悔，为伊消得人憔悴。'此第二境也。'众里寻他千百度，蓦然回首，那人却在，灯火阑珊处'。此第三境也。"这三重境界同样可以适用于个人职业生涯发展。只有树立正确的职业理想，培养良好的职业素养，掌握扎实的职业知识和职业技能，才能在职业生涯中不断取得成功。

2. 大学生职业生涯规划的特点　处于不同职业生涯发展阶段的人，所面对的环境要求不同，自身素质积累不同，因此，个人的职业生涯规划，应根据其规划时的所处阶段、职业发展现状而进行。大学生正处于职业的学习、准备和起步阶段，因此，与已工作过一段时间的职业者的职业生涯规划相比较，大学生的职业生涯规划有其一定的特点，在总体原则和操作步骤大体一致的情况下，两者的规划内容和侧重点不尽相同。大学生职业生涯规划与一般职业生涯规划的区别主要体现在：

（1）设定目标不同：一般的职业生涯规划的总体目标是为了获取一定的职业地位或取得一定的职业成绩。大学生的职业生涯规划，其最根本也最现实的目标是初次就业成功，能拥有一个与自己的兴趣、爱好、能力等相匹配的职业岗位。大学生职业生涯规划的阶段目标可以十分明朗。比如，一年级应该达到什么要求，二年级应该完成什么计划，毕业年要实现什么目标等等。

（2）规划年限不同：一般的职业者可以按照自身的条件和客观环境的特点，制订期限可长可短的职业生涯规划。大学生活是一个完整和固定的阶段，其时间维度上有一个标准的划分方法——既大学的学制为大学生活的起止时限。大学生职业生涯规划中最现实、最典型的中期规划，其规划年限一般是与学生的毕业年限相同的。

（3）实施策略不同：一般的职业生涯规划，其实施策略主要是根据职业发展目标，制订一定职业范围内的学习培训、专业技能提高、职场人际关系沟通、企业文化融合等行动计划。大学生处于职业的准备阶段，其职业生涯规划的实施策略主要是了解和探索职业，完成与未来职业相关的学习、培训任务，提高职业生活的基本能力和素质，行动计划必须与自身的学习任务和校园活动密切联系。

 职业生涯规划的作用

（一）树立目标，充分调动努力学习的主动性

大学生职业生涯规划是大学生为自己的成长和发展订立的心理契约，是自己对未来美好的承诺。目标一旦确定，整个大学阶段的学习和生活，就会由被动变为主动，在努力达到目标的时候，就会集中精力、心无旁骛地投入其中，建立一种自我激励的机制。即使遇到一些困难和挫折，也会全力以赴地去克服，不达目的不罢休，真正从内在方面来激励自己的成才欲望和成才行为，充分调动大学生学习的主动性。

（二）了解自我，持续提高理性选择的针对性

重视职业生涯规划，可以帮助大学生对自己进行正确的评估，迅速准确地为自己进行职业定位。明白自己更适合什么样的工作，逐渐理清发展方向，形成较明确的职业意向。从而自觉地、有目的地通过参加相对应的职业素质培训和社会实践活动，培养自己满足职业岗位需求的职业道德观、职业礼仪、职业规范等职业素质，形成良好的职业道德。

（三）开发潜能，不断增强自我提高的积极性

对自己不了解、低评价，对未来不自信或者没有安全感，很多学生对追求理想的工作或人生目标充满疑惑。甚至有的学生不敢想象或者设立理想目标，总觉得那是不可实现的奢望。良好的职业生涯规划能在充分认识自我的基础上扬长补短地发展自我。一方面，发现自己的长处，可以提高自信心，激发潜能，大胆参加竞争、接受挑战；另一方面，了解自己的短处，找到应该改进的问题，提高学习的针对性和实效性，主动适应即将从事的职业要求，在激烈的竞争中脱颖而出并保持立于不败之地。

第2节 职业生涯规划的分类和原则

● 案例2-3

小琳慢慢适应了大学生活，对自己未来的职业生涯规划也有了更多的思考，她希望自己可以尽快地做好各方面的准备，可是却不知道到从何入手。她找到辅导员老师问："我们的职业生涯规划可以参考师兄师姐的吗？"辅导员老师说："不同的人、不同的需要，职业生涯规划不同。不过，要做好职业生涯规划，掌握必要的原则会对你们很有帮助。"

请问：1. 职业生涯规划如何进行分类？
    2. 职业生涯规划的原则有哪些？

一 职业生涯规划的分类

（一）按照时间长短分类

1. 人生规划　人生规划是个人整个职业生涯的规划，时间可长至40年，甚至更长，主要任务是设定整个人生的发展目标。

● 案例2-4

"80"后袁隆平不想退休

"我不想退休，我现在身体好得很呢！"年逾八旬的中国著名水稻育种专家、工程院院士袁隆平在接受记者采访时说。这位自称"80后"的科学家谈到粮食时忧心忡忡地说："中国是世界上最大的农业国，面临土地资源、水资源缺乏以及人口增长等多方面的问题。未来粮食安全问题，仍将是中国关注的主题。"

为了杂交水稻，袁隆平几乎奉献了自己的一切，知识、汗水、灵感、心血。从60年代开始致力于杂交水稻的研究，几十年过去了，如今，我国大江南北的农田普遍种上了袁隆平研制的杂交水稻。杂交水稻的大面积推广应用，为我国粮食增产发挥了重要作用。袁隆平的努力，也为解决世界粮食短缺问题做出了贡献。

80岁的年龄，50岁的身体，30岁的心态，20岁的肌肉弹性——这是袁隆平曾给自己开出的体检报告单。他在谈及自己的愿望时说，希望在2020年，也就是自己90岁时，实现第四期超级杂交稻亩产1000公斤的奋斗目标。

请问：袁隆平的故事对你有哪些启发？

2. 长期规划　长期规划一般指个人未来5～10年的规划，主要任务是设定较长远的目标。
3. 中期规划　中期规划一般为个人未来2～5年内的目标与任务，是最常用的一种职业生涯规划。
4. 短期规划　短期规划一般为个人未来2年以内的规划，主要是确定近期目标，规划近期完成的任务。如对专业知识的学习，2年内掌握哪些业务知识等等。

> **链接**
>
> **哈佛大学关于目标对人生影响的跟踪调查**
>
> 美国哈佛大学有一个非常著名的关于目标对人生影响的跟踪调查，对象是一群智力、学历、环境等条件差不多的年轻人。调查结果发现：27%的人没有目标；60%的人目标模糊；10%的人有清晰但比较短期的目标；3%的人有清晰且长期的目标，并能把目标写下来，经常对照检查。经过25年的跟踪研究，发现他们的生活状况和分布现象十分有意思：那些占3%的，25年来几乎不曾更改过自己的人生目标，朝着同一方向不懈地努力，25年后，他们几乎都成了社会各界的顶尖成功人士，其中不乏白手创业者、行业领袖、社会精英。占10%的，大都生活在社会的中上层。他们的共同特点是，那些短期目标不断被达成，生活状态稳步

上升，成为各行各业不可缺的专业人士，如：医生、律师、工程师、高级主管等。占60%的目标模糊的人，几乎都生活在社会的中下层面，他们能安稳地生活与工作，但都没有什么特别的成绩。剩下27%的是那些25年来都没有目标的人群，他们几乎都生活在社会的最底层。他们的生活过得不如意，常常失业，靠社会救济，并且常常都在抱怨他人，抱怨社会，抱怨世界。

（二）按照规划确定的方式划分

1. 依赖型　依赖父母、朋友、老师，或遵从书本与社会舆论。
2. 直觉型　凭自己的直觉、一时的喜好做出决定。
3. 理性型　综合考虑个人与职场等因素，分析利弊得失，做出并执行相应的计划。

> **名人名言**
>
> 我们需要一个献身的目标，以便把力量整合到一个方向，以便超越我们的孤独生存状态，超越此状态所造成的一切疑虑与不安之感，并且满足我们企求生活之意义的需要。
>
> ——（美）弗洛姆

（三）按照未来职业特征划分

1. 技术型　追求在技术领域的成长和技能的不断提高，以及应用这种技术的机会。对个人的认可来自专业水平，喜欢面对来自专业领域的挑战。
2. 管理型　追求并致力于工作晋升，倾心于全面管理，并不断走向更高、更全面的管理层级。将组织的成功与否看成个人的工作，视具体的技术工作为通向更高、更全面管理层的必经之路。
3. 自主型　希望随心所欲安排个人的工作方式、工作习惯和生活方式。追求能施展个人能力的工作环境，最大限度地摆脱组织的限制和制约。
4. 稳定型　追求工作中的稳定与安全感，对可以预见到将来的成功而感到放松，对组织忠诚，尽职尽责地完成上级交办的工作。
5. 创业型　希望凭借个人能力去创建属于自己的公司或创建完全属于自己的产品（或服务），而且愿意去冒风险，并克服面临的障碍。
6. 服务型　一直追求他们认可的核心价值，例如：帮助他人，改善人们的安全，通过新的产品消除疾病。
7. 挑战型　喜欢解决看上去无法解决的问题，战胜强硬的对手，克服常人无法克服的困难障碍等。
8. 生活型　喜欢允许平衡并结合个人的需要、家庭的需要和职业的需要的工作环境。

● 案例 2-5

小洛的职业生涯规划

小洛曾是一所高职院校药品生产技术专业的学生，在校期间学习刻苦，专业成绩优秀。毕业后被一家大型药品生产企业录用，如今已经在这家企业工作三年了，当了两年生产线上的工人，一年项目小组组长。今后是向管理方面发展，还是向技术专家方面发展，需要他做出规划。他根据几年来的工作实践体验，结合性格、职业锚和SWOT分析，认识到自己喜欢安静稳定的工作，喜欢钻研技术问题，不愿打理杂务，不擅长与客户打交道。企业在管理方面井然有序，并不缺乏管理人才，而技术是公司和自己立身之本，所以走技术专家这条职业发展道路较符合自身的特点。

两年后，凭借高度的敬业精神、细致的工作作风和刻苦钻研的工作态度，小洛在企业一条重要药品生产线的设计上提出了改进意见，为提高该生产线上的效益做出了重要贡献，受到了企业的表彰，个人职位也得到了提升。

请问：小洛的职业生涯规划属于哪种类型？

职业生涯规划的原则

职业生涯规划要从生活发展需要出发，正确认识自身的条件与相关环境，从专业、兴趣、爱好、特长、机遇等方面尽早确定自己未来发展方向。大学是培养专业人才的重要基地，大学生应当从跨入校门开始确立自己的未来职业生涯目标。大学生在进行职业生涯规划时，应遵循以下基本原则。

（一）可行性

职业生涯规划要根据个人的实际情况（兴趣、爱好、能力、性格、竞争力等）和组织的状况（规模、文化、发展阶段和未来预期）做出，职业目标的确定，应该建立在充分分析主客观条件的基础上，并非是美好幻想或不着边际的梦想，否则将会延误发展良机。

（二）适时性

职业生涯规划是预测未来的行动，确定将来的目标，因此各项主要活动，何时实施、何时完成，都应有时间和时序上的妥善安排，以作为检查行动的依据。

（三）适应性

职业是一种社会活动，它必定受到社会的制约，规划未来的职业生涯目标，牵涉到多种可变因素，如果职业生涯规划脱离社会的需求，将很难被社会接纳。职业生涯规划要把握社会对人才需求的动力，以社会需求作为出发点和归宿。因此规划应有弹性，充分考虑到环境变化因素，以增加其适应性。

（四）持续性

规划要考虑到生涯发展的整个历程，将不同阶段的各种活动都统领于长期规划中，按照一定的逻辑顺序进行，使得人生每个发展阶段持续连贯性衔接。

（五）清晰性

职业生涯规划要保证目标与措施的清晰和明确，这样可以按部就班地具体实施计划以达到目标。

（六）长远性

确定长远目标是职业生涯规划的落脚点，其他环节都围绕长远目标而展开。规划应该从大方向着眼，阶段目标要为长远目标服务，并将阶段目标和长远目标有效结合。

（七）挑战性

如果目标在原地踏步不前，则失去了原本的意义，也无法激励自己。职业生涯规划目标过低会让人失去斗志，而过高又会让人失去信心。因此，应该根据个人的实际能力结合组织要求，选择可望又可即的具有挑战性的目标，充分激发个人的积极性。

> **思考与讨论**

1. 什么是职业生涯规划？大学生为什么要进行职业生涯规划？
2. 用所学的关于职业生涯规划的知识，评估一下自己家长的职业生涯。
3. 畅想个人未来的五年、十年和二十年，与同学讨论并分享：
   （1）你的畅想是什么？
   （2）人生的每个阶段个人对自己未来的期待有所不同？
   （3）你的理想与现实的差距大吗？
   （4）要怎样才能达成你的理想生活呢？
4. 案例讨论

我的选择我做主

"还有一年就要找工作了，我却觉得有点迷茫。"郭同学是某医卫类高职院校护理专业的大二学生，"按理说就踏踏实实当个护士算了，可总觉得这不是自己想要的结果。"

曾经的郭同学对于自己未来有很明确的想法——就是想当护士。自从考入大学的那天起，她就一直在为这个目标努力。"没课时也经常会自习到晚上十一二点。"现在想想，这种过于拼命的学习方式反倒给自己带来了一些困扰。"平时很少关注其他方面的事情，一些活动、社交什么的也不太参加，感觉自己的圈子变得越来越窄。"。刚开始，郭同学还抱有很高的热情，但随着时间的推移，这股劲头却在渐渐消退。不知不觉她对未来工作的想法也发生了改变"主要还是觉得护士的工作状态不是我想要的那种。"正当自己开始对职业选择产生疑惑时，一次高中同学聚会大家的聊天更加动摇了她的决心。很多同学在未来求职时能够选择行业的范围比自己大得多。"我有很多同学准备去企业，其中不少人的大学专业并不是经济或者管理方向，但他们要么是在平时找了相关的实习工作，要么就是辅修了双学位，总之最后都能胜任在企业里的工作。"在郭同学看来，自己除了做护士这条路之外，没有别的路可走。

一次偶然的机会，一名做医学美容销售的学姐和郭同学空闲时聊了两句，郭同学这才发现原来另有天地。对这一行业一窍不通的郭同学，起初还担心是不是需要什么营销方面的知识才能干好这份工作。学姐听到说："你学习护理专业，已经有了相关医学知识，再加上你会做营销，这职业不是挺适合你的？！"此时的郭同学，面临着家里人的反对，他们觉得还是做护士稳定些。但是郭同学认为，近年来，我国医疗美容行业得到了极大的发展，医疗美容已经被人们熟知并接受，医疗美容行业在近几年迎来了重大的发展突破，医学美容从业人员市场缺口巨大，"既然兴趣不在这，干脆早点跳出来"。郭同学所在的学校不提供双学位的选修，她就自己去打听、搜索，最后选择读了另一所大学的营销类课程。从这时起，她给自己制订了一个目标——保证本专业学习的前提下，所有的时间都拿来学营销知识。这个目标说起来容易，做起来却挺难。为了兼顾课程，郭同学需要奔波于两所距离并不近的学校，平时自习到深夜更是家常便饭。两边的课程压力都很大，郭同学也曾怀疑过自己的选择——费这么大的劲，学一个完全不相干的专业，究竟值不值得？但在和一些同学交流之后，她坚定了决心。"有的同学也不想从事本专业对应的职业，可是他们怕麻烦，也没有换一种环境的勇气。一想到我是在为自己的未来主动争取，我就又有动力走下去了。"

（1）你赞同郭同学的做法吗？为什么？
（2）结合案例中郭同学的情况，谈一谈职业生涯规划制定的原则。

（王益兰）

第3章 职业生涯规划的步骤和方法

职业生涯规划只有建立在对自己、他人、社会和周围环境等因素综合分析的基础上，才是科学的规划。那么，在具体的规划中，如何正确地评估自我、转变角色，认识职业、分析环境，最终确立目标、合理制定职业生涯规划呢？让我们在本章的学习中一一剖析。

第1节 职业生涯规划的步骤

案例 3-1

小邬是医学检验技术专业的一名学生，开学不久便苦恼重重，来到职业生涯规划老师处寻求帮助。他自己描述来这里上学是父亲逼着来的。他喜欢音乐，想当歌唱家，可是父亲不理解也不支持，一定要让他学习医学专业。他想退学去学习音乐，又不敢贸然决定，只好向老师求教。老师先让小邬唱一首自己最拿手的歌，结果没想到小邬把那首歌唱得面目全非，老师才知道小邬是一个五音不全的小伙子。

请问：1. 小邬苦恼的根本原因是什么？
　　　2. 如果你是这位老师，你想给小邬什么样的意见和建议？

一、评估自我　转变角色

大学是人生发展的重要阶段。进入大学后，同学们会踌躇满志，也会体验到与以往不同的生活学习交往方式。如何实现理想，更好地发展自己，适时地评估自我，转变角色是很重要的一步。其中，自我评估是通过自评、他人评价或测量等方法对自己进行综合评价的一种方式。在职业生涯规划的过程中，科学的全面的自我评估是做好职业生涯规划的基础。全面的自我评估会让每一位同学更清楚地了解自身的能力与素质，能帮助同学们更好地规划设计自己的未来。

（一）自我评估

1. 自我认知　老子说："知人者智，自知者明"，法国的思想家蒙田也说过这样一句话："世界上最重要的事情就是认识自我。"在心理学范畴中，自我包括的内容非常多。在此，我们只探讨和职业生涯规划相关的自我认知。

（1）职业兴趣：兴趣是指人们对一定事物所持有的稳定而积极的态度倾向，或者说是人们积极探究某种事物的认识倾向。当一个人对一种事物或职业感兴趣的时候，往往会有外在的表现显示出来，例如，感知敏锐、记忆牢固、情感浓厚、关注度高、积极探究等。所以兴趣可以激发人的潜力，可以产生持续探究和关注的动力，可以让你在行业中取得更大的成就。

心理学实验表明，如果一个人对他所从事的工作感兴趣，就能发挥其全部才能的80%~90%。否则，只能发挥其才能的20%~30%。可见，了解自己的职业兴趣对未来选择职业有重要意义。

目前，在职业兴趣方面运用最多、最具影响力的是霍兰德的职业兴趣分类体系。

> **链接**
>
> 约翰·霍兰德（John Holland）是美国约翰·霍普金斯大学心理学教授，美国著名的职业指导专家。1959年他提出了职业兴趣理论，并按照人格类型把职业兴趣分为实际型、调研型、艺术型、社会型、企业型和常规型六种类型（表3-1）。
>
> 表 3-1 职业兴趣的分类
>
> | 类型 | 主要性格特征 | 适宜职业 |
> | --- | --- | --- |
> | 社会型（S） | 善于与人打交道，喜欢帮助别人，关心社会问题，热衷探讨别人心理活动，渴望社会认同 | 咨询师、律师、教师、护士、社会工作者、公关人员等 |
> | 企业型（E） | 胆大，敢闯，敢于冒风险，追求财富，行动力强，做事目的性强 | 企业家、创业者、冒险家 |
> | 常规型（C） | 谨小慎微，细心，有条理，习惯接受他人领导，循规蹈矩 | 秘书、办公室人员、记事员、会计、行政助理、图书馆管理员、出纳员、打字员、投资分析员、储蓄员等 |
> | 实际型（R） | 动作协调，动手能力强，喜欢操作具体器械和各类工具，独立性较强，不善于与人打交道，不善交际 | 技术类和技能类工作 |
> | 调研型（I） | 抽象思维能力强，求知欲强，爱动脑，善思考，不愿动手。知识渊博，有学识才能，不善于领导他人。考虑问题理性，做事喜欢精确，喜欢逻辑分析和推理，不断探讨未知的领域 | 科研人员、教师、工程师、电脑编程人员、医生、系统分析员等 |
> | 艺术型（A） | 追求个性，有创造力，有艺术修养，直觉敏感，注重形象思维，不善于从事具体事务 | 演员、导演、艺术设计师、雕刻家、建筑师、摄影家、广告制作人、歌唱家、作曲家、乐队指挥、小说家、诗人、剧作家等 |

（2）职业性格：性格是一个人在对待客观事物和社会现象中所表现出来的稳定的个性心理特征。性格一经形成，相对稳定，但也不是完全不能改变，随着个人生活环境和工作环境的变化，必然会带来性格特征在一定程度的变化。但在追求自己理想职业的过程中，只有积极考虑自己的职业性格，日后方可取得理想的成绩。

近几年，教育心理学家依据性格与职业的关系，把性格细分为九大类，分别为变化型、重复型、服从型、独立型、协作型、劝服型、机智型、自我表现型和严谨型（表3-2）。

表 3-2　职业性格的类型

类型	性格主要特征	对应职业
变化型	喜欢有新意的工作和不断变化的环境	记者、推销员、演员
重复型	喜欢重复有规律的工作，计划性强	挡车工、印刷工、电影放映员
服从型	喜欢配合别人工作、不愿意独立决策、承担责任	文员、秘书、翻译、打字员
独立型	喜欢做决定、不依赖别人工作	管理人员、律师、医生
协作型	善于引导人、愿意与人协作	社会工作者、咨询师、护士
劝服型	善于影响和说服他人、逻辑性强、判断力强	辅导员、教师、宣传工作者
机智型	沉着泰然、不慌不忙、善于应变	驾驶员、飞行员、警察、消防员、救生员
自我表现型	喜欢表现自己、张扬个性、高调	演员、诗人、音乐家、画家
严谨型	注重细节、要求完美、严谨细致	会计、出纳、制表员、统计员

当然，生活中大多数人表现为同时兼有几种职业性格，而且，一种职业也可能要求从业者必须同时具备几种职业性格方可。

（3）职业能力：职业能力是人们从事某种职业必须具备的、能高效率完成该职业的多种能力的综合体现。职业能力通常可分为通用能力、专业能力和自我管理能力。

通用能力是指顺利完成大部分工作必须拥有的基本能力。例如，学习能力、语言表达能力。不管从事哪种工作，这些都是最基本的、必须拥有的能力。

专业能力是指从事一定职业必须具备的特殊能力。例如，诊疗中常规的护理操作技能就是护士这个职业所独有的、必备的专业能力。

自我管理能力是指依靠主观能动性按照社会目标，有意识、有目的地对自己的思想、行为进行转化控制的能力。例如，护士不能随意在病人尤其是危重病人面前透露病人的病情，教师上课应该严格恪守上下课时间规定等。

当然，每个人都会有一个能力系统。在这个系统中，每一个人体现出来的各种能力都不是均衡发展的。有的人某些能力是强项，一定也有某些能力是弱项，这些都是很正常的事情，大家必须能正确对待自己能力的强弱，在条件允许的情况下，在专业人员的指导下逐步提升自己的能力。

（4）职业价值观：职业价值观是指一个人在择业或从事工作的过程中对这份职业存在的意义和重要性的总体评价和根本看法。职业价值观最终一定会决定每个人的职业目标和从事这份职业的动机，并一直持续影响着这个人就业以后的工作态度、工作业绩和工作行为。尤其在面临得与失的选择时，职业价值取向更显其重要作用。

一般来讲，每个人的职业价值取向都不是单一的，我国职业教育专家阚雅玲教授将职业价值观分为以下 12 类：收入与财富、兴趣特长、权利地位、自由独立、自我成长、自我实现、人际关系、身心健康、环境舒适、工作稳定、社会需要、追求新意。

同学们可以根据自己的实际情况为这 12 种职业价值取向排序，以此作为自己选择职业的参考依据。尤其需要重视的是自己排在前三位的职业价值取向，需要重点考虑。

（5）个人学习状况和行为习惯：一个人的学习状况如何，是多种因素影响的结果。总结归纳之后我们会发现，决定学习状况的最关键的因素是学习动机、学习方法和行为习惯。学习动机是目标，学习方法因人而异，行为习惯则是态度，指引着我们的行动。所以大学生要建立良好的学习动机,调整、掌握适应大学的学习方法,养成良好的行为习惯。有实验显示,一种行为重复21天就会初步形成习惯,90天的重复会形成稳定的习惯。

每个人的智力因素和非智力因素存在差异,学习习惯必然也存在差异,只有从自己的实际出发,努力克服不良习惯,严格要求自己,方可为未来的职业生涯奠定良好的基础。

2. 他人评价　科学全面地评估自己,除了自我认知之外,还必须包括他人对你的正确认知和客观评价,具体的评价人包括父母、老师、同学、专家以及其他的社会关系人等(表3-3)。

表3-3　小王的他人评价表

评估主体	具体评价	
	优点	缺点
父母评价	乖巧、听话、善于钻研、孝顺父母、责任感强	不善于表达、时间观念不强
老师评价	思维清晰、善于钻研、成绩良好、规则意识强	不善于交际
同学评价	学习好、善于钻研	情商低、不喜欢与人交往
朋友评价	善良、上进	说话不会拐弯

从以上他人的评价当中我们可以看出,小王是一个听话、善良、上进的同学。喜欢学习、善于钻研,有责任感,但说话较直,不善与人交往。

通常一个人要全面地科学地认识自己,通常要结合两三种方法,将自我评价与他人评价综合起来才能做到。

(二)转变角色

1. 角色认知的重要性　在人的一生中,不同的时期往往会对应不同的家庭身份和社会身份。这必然会涉及角色的转换,只要有角色的转换就需要每个人不断地调整对自身现有角色的认知。

所谓角色认知是指处于一定社会关系的个体对自己或他人所扮演的角色及其规范的认知,以及对其所扮演角色是否恰当的合理性判断。从概念中可以分析得知,角色认知可以分解为两个层次。第一,对自己或他人所扮演角色的准确把握;第二,明确自己或他人所扮演角色的权利义务。每个人明确了角色和该角色的权利义务有什么意义呢?首先,可以清晰地知道自己在什么时间该做什么事情;其次,可以清晰地界定别人表现出的行为是否恰当;最后,不会轻易跨越自己和他人角色的鸿沟,从而更好地构建和谐幸福的社会关系。

2. 做好从"学校人"到"职业人"的角色转换　"学校人"是指依法接受教育,享受他人的劳动成果,获得生存所需要的知识、技能、精神以及获得物质能力的一类群体。

"职业人"就是参与社会分工,自身具备较强的专业知识、技能和素质等,并能够通过为社会创造物质财富和精神财富,而获得合法报酬的一类群体。

"学校人"和"职业人"是两种完全不同的社会角色,两者的权利义务不同,所代表的身份也有着本质的区别。究其实质是由认知到行为的变化,从根本上讲是一个人前后权利和义务的变化和调整。

(1) 社会责任不同:学生的责任是学习、掌握知识,提高能力和基本素质;"职业人"的责任是为社会提供服务。

(2) 所处环境不同:学生是"宿舍—教室—食堂"三点一线的环境,单纯、简单;"职业人"

的环境比较多变，经常因为工作关系变换环境，生活节奏比学生快，生活压力较大。

（3）人际关系不同：学生面临的人际关系主要是同学之间的关系，单纯、清澈。"职业人"的人际关系相对复杂。

正因为这两种角色有着本质的区别，所以在"学校人"向"职业人"角色过渡的过程中，往往会出现角色转换的障碍。常见的角色转换障碍有：

1）角色固恋：是指个体的成长环境发生变化，但仍采用过去的、不适应的思想观念和行为模式应对当前环境，刻板地沿用过去的角色模式。

2）角色冲突：是指一个人从一种社会角色转入另一种不同的角色之后，无法很好地转换角色或两种不同角色的行为规范互不相容，使他左右为难。

3）角色失败：是指角色扮演者无法进行角色扮演，不得不中途退出或尽管没有退出角色，但已被事实证明角色扮演失败。角色失败是角色转换障碍中最严重的情形，往往会给个人造成重大打击，给社会带来不利影响。

产生角色转换障碍的因素：

1）素质因素：学校的理论知识与工作实践的要求存在很大差距，当所学知识不能满足工作需要的时候，部分学生便会出现角色转换障碍。

2）观念因素：读书时主要靠个人努力，而工作后不仅要靠个人，更需要团队的合作。书本知识是半封闭思维，走向工作岗位后，需要培养开放性思维和评判式思维方式。

3）性格因素：工作岗位不同，对从业者的性格要求也不同。从业者必须根据工作需要，努力克服个人性格缺陷，培养良好的素质和性格，以积极的心态对待工作。否则，必然出现角色转换障碍。

当然，在校期间大部分同学能正确认知自己的角色，并为角色的转变做好准备，迈好职业生涯的第一步。

认识职业　了解环境

（一）认识职业

1. 认识职业的重要性　在社会发展的进程中，职业在不断的发展变化。职业的发展变化对学生日后的就业与择业都会有很大的影响，因此，了解认识职业，是将来就业的前提和基础。

（1）正确认识职业，是学生知己知彼的坚实基础。"知己"即上一节讲的自我评估，当每个学生做了正确的自我评估之后，必须要了解的便是这份职业对从业者的全方位的要求，以此和自我评估相对比，找出差距，这是认识职业的第一个重要意义。

（2）指导学生进行职业生涯规划。职业生涯规划和认识职业互为补充，认识职业可以帮助学生进一步做好职业生涯规划；做好职业生涯规划又可以进一步深入了解、认识职业。

（3）通过认识了解职业，促使学生养成良好的职业道德和职业责任感。

（4）通过认识了解职业，可以让学生更好地做出职业选择，真正梳理清楚自己想要的职业是什么，或者确定毕业后的方向是什么。

总而言之，认识了解职业对于学生来讲，是非常重要的一个步骤，只有这样，才会在知己知彼中规划好自己未来的职业生涯。

2. 认识职业的方式方法　认识职业的核心在于最终在自己毕业后能做上既喜欢又擅长的工作，这是最理想的认识状态，因为世界上没有最好的职业，只有最适合的职业。

在认识职业的过程中，一般应该遵循如下步骤：

第一步，确定自己的职业兴趣、职业性格、职业能力、职业价值观，这是认识职业的基础，如果没有第一步的自我探索，认识职业是没有意义的。

第二步，拓展自己所选专业的横向和纵向职业群。

第三步，从拓展出来的职业群中找出相关单位所需人才的基本条件和素质。

第四步，把自己的特点和单位所需的条件——对应比较，找出自己的不足点。

第五步，把自己的不足点和在校的规划和努力结合起来，扬长补短，以此适应毕业后就业的需求。

明确了遵循的步骤之后，为了更好更快的达成目标，在校时学生应该完成以下训练才是认识职业的最佳状态。

（1）认真学习专业知识：扎实的理论知识是将来工作的基础。

（2）注重实验实训课程：把实践能力的提高当做一项重要的任务来做，提高自己的动手能力。

（3）加强自我修养与锻炼：综合提升自己的能力，以适应社会和未来职业的需求。

（4）重视心理素养的培养：具备良好的心理素质方能直面人生百难。

当然，世界千变万化，职业也瞬息万变，再好的规划也不会让你100%满意，再好的职业也会有让人失望和遗憾的地方存在，但只要我们认真规划，顺应时代的潮流，我们一定可以赢在未来。

（二）职业环境分析

合理的职业生涯规划除了分析自我、认识职业之外，还必须清楚地审视自己所处的外部环境特征，从而相对准确地评估日后的职业机会。

1. 家庭环境分析　父母是我们的第一任老师，家庭是每个人成长的第一个环境。大学生在职业生涯规划的过程中，一定要考虑家庭的经济状况、家庭成员的人际关系以及家庭价值观的影响力等，不断调整自己的职业目标。

2. 学校环境分析　分析学校环境建议主要从以下几个方面进行：学校的管理程度、文化氛围、学习氛围、学术成果、特色与优势、精品专业的设置等。

3. 社会环境分析　社会环境包括职业环境、行业环境、企业环境、区域环境等。

（1）职业环境分析：这需要大家明白所选职业在社会中的地位、发展状况、未来趋势等。

（2）行业环境分析：主要包括行业的发展状况和发展趋势、目前国家政策对本行业的影响等。

（3）企业环境分析：主要包括单位的性质类型、企业文化氛围、发展前景、目前的发展阶段、员工的基本素质等。

（4）区域环境分析：主要包括区域经济的基本格局、经济总量、结构分析、未来发展趋势等。

4. 自然环境分析　在职业生涯规划中，人们往往容易忽略自然环境因素，但事实是我们每个人必然生活在相对固定的自然环境中，而这个客观的自然环境往往存在许多不可改变的因素。例如，你长期生活在交通不便的大山中，而你自己的理想是在当地发展渔业。很显然，自然环境不适合你的这个理想，你的理想是无法实现的。这就是自然环境对每个人职业生涯规划的影响。

通过对以上四类外部大环境的分析，可以全方位了解环境因素对每个人职业生涯发展的影响，并在上学期间对获得的信息进行整合、分析和判断，尽早做到在环境因素中趋利避害。

第 2 节　职业生涯规划的决策方法

对于大学生来讲，职业生涯决策方法有很多种，他们可以根据需要来制定自己的职业生涯规划，现在就介绍如下几种常用的方法：SWOT 法、"5W" 提问法、平衡单分析法、Casve 循环、PPDF 法、内外匹配分析法和大学生涯愿景模型法。

  职业生涯决策类型

最早研究风格类型的是丁克里奇，他在1968年将决策者分为八种风格类型，分别是计划型、苦恼型、延迟型、瘫痪型、冲动型、直觉型、宿命型、顺从型。但随着人们对职业生涯决策的深入探究，现在一般将决策风格分为五种类型：理智型、直觉型、依赖型、回避型和自发型。

（一）理智型

以对选择的周全研究和逻辑性评估为特征。理智型的决策者具备理性分析、思虑周全、逻辑清晰的特性。这类决策者对于所作出的决策一般是经过深思熟虑，理智型决策是大家心目中比较理想的决策类型，很受人推崇。但这种决策并不是绝对完美的，它也有自己的不足之处，它会因为决策者过于理性和思维逻辑过于严谨，而不能非常灵活地处理现实中出现的问题。

（二）直觉型

以依赖直觉和感觉为特征，比较关注个体的内心感受。直觉型决策风格以自我判断为导向，能够根据自我的主观感受快速做出决策，当发现错误时能及时改变策略。但它由于凭借的是人的主观直觉感受，不是依据理性分析，所以做出的决策存在不科学的地方，变动性比较大，失败的可能性也比较大，容易使决策者因失败次数多而失去信心。

（三）依赖型

以依赖于他人的帮助为特征。依赖型的决策建立在决策者信心不足的基础上，这类决策者往往不能很好地审视自我存在的优点和不足，需要他人指导或建议方能做出决策。这类决策的不足是对别人的建议如果不会认真考虑，就会陷入简单的模仿，会因没考虑自身的情况而最终导致失败。

（四）回避型

以试图回避现实为决策。回避型的决策者面对决策中出现的困难时不是积极地去解决，而是不敢面对，采取消极回避的方法一拖再拖，直到拖得不能再拖才被动解决。这类决策者因为处处被动，所以往往错失很多机会。

（五）自发型

以内心极度希望快速完成决策为特征。自发型的个体一般希望尽快做出决策，不能容忍决策的变易性以及由此带来的焦虑情绪，它具有即时性的特征，并对快速做决策有着极大的兴趣。这种决策类型的人会因一时冲动，考虑不周全而导致失败。

职业生涯决策原则

(一) 择己所爱

爱因斯坦说过："兴趣是最好的老师。"一个人只有选择自己最感兴趣的事情做,才能投入百分之百的努力,取得最大的成功。爱迪生喜欢发明,袁隆平喜欢在试验田搞研究,齐白石喜欢画画,他们的成功都是因为选择了自己最喜欢的事去做,所以有足够的动力。大学生在制定职业生涯决策时,也应该找自己感兴趣的去做,在兴趣的指引下,全力以赴,最终实现自己的职业生涯目标。

(二) 择己所长

有人说,一个人在做某件事时,能否成功,关键看他是否做到了扬自己所长,避自己所短。这种说法虽然有些绝对,但从一定程度上也表明了自身的优点或长处对自我成长成才的重要作用。大学生在制定职业生涯决策时,只有建立在自己擅长的基础上,才能运用自己的各种资源,充分调动自己的人脉,创设平台,为实现职业生涯目标释放自己的所有能量。

(三) 择世所需

对于人来讲,一切事物存在的前提,都建立在它对人类社会的有用性的基础上。同样,我们职业生涯决策的制定,也必须建立在对社会有用性的基础上。只有社会需要了,我们所做的事情才具有社会价值。当它有价值时,我们才能获得我们所想要的,从而实现个人价值。

(四) 择己所利

世界上的每种生物都有天生的趋利避害性,不管是植物还是动物。我们职业生涯规划也是这样的道理,每个人基本上都会朝着对自己有利的方向去决策和努力。

职业生涯决策方法

(一) SWOT 法

1. 何为 SWOT　SWOT 是四个英语单词的缩写,S 代表 strength(优势),W 代表 weakness(弱势),O 代表 opportunity(机会),T 代表 threat(威胁),其中,S、W 是内部因素,O、T 是外部因素。该方法最早只用于企业竞争战略,近几年人们经常用于职业生涯规划的决策,全方位分析个人的优势与劣势,制定出科学合理的职业生涯目标(表 3-4)。

当利用 SWOT 对自己进行职业发展分析时,可以遵循以下五个步骤:

第一步,评估自己的长处和短处。每个人都有自己独特的天赋和能力,所以大部分人都只擅长于某一领域,而不可能样样精通。那么,通过列表的方式,你找出自己不是很喜欢做的事情和你的弱项。或者努力去扬长补短,尽力去弥补你的短板;或者干脆放弃你不擅长的领域。这就是找到自己短板的最大的作用。

第二步,找出自己的职业机会和威胁。你选择的就业单位在不同的时期、不同的领域都可能会面临一定的机会和威胁,而这些机会和威胁一定程度会影响你日后的职业发展。这正是我们评估所面临的机会和威胁的最大意义。

第三步,列出今后 3~5 年内最想实现的职业目标。职业目标可以具体到什么职业、薪水报酬、职级等细化的指标。

第四步,详细列出实现上述职业目标的每一步行动计划。这些行动计划必须非常详尽,必须具体到每一件事，并标明这一步计划何时完成，怎么完成，主要涉及一些具体的内容。

第五步，寻求专业帮助。

表 3-4　SWOT分析法

优点优势（Strength）	弱势劣势（Weakness）
我最优秀的品质是什么？	我在性格上的弱点是什么？
我学的专业是什么？	我欠缺哪些方面的经验？
我的兴趣爱好是什么？	我在知识上有哪些不足？
我有什么经验？	我在能力上有哪些劣势？
我的特长是什么？	我在交流方面的障碍是什么？
我有哪些可利用的资源？	我在写作上的不足是什么？
发展机会（Opportunity）	阻碍威胁（Threat）
我现在面临哪些发展机会？	外语较差
我有哪些就业机会？	计算机实践操作技能差
	不善于交往
	有些自卑
	形象气质不好

总体鉴定：

自己的真实卖点：

2. 策略选择比较　WT对策是一种最为悲观的对策，是处在最困难的情况下不得不采取的对策；WO对策和ST对策是一种苦乐参半的对策，是处在一般情况下采取的对策；SO对策是一种最理想的对策，是处在最为顺畅的情况下十分乐于采取的对策。

（二）"5W"提问法

职业生涯规划的前提是一个人对自我的正确认知，所以"5W"的思考模式就是从自己是什么样的人开始的，然后顺着这一思路最终正确认识自己，从而确定放案、制定措施。

（1）Who are you? 这是第一个问题——你是什么样的人？究其实质是一个自我分析的过程。分析的内容包括你的职业兴趣、职业性格、身体状况、学历层次、家庭背景等。

（2）What do you want? 这是第二个问题——你想要什么？究其实质这是一个具体目标的展望过程。分析的内容包括你的职业愿景、收入期待值、想取得的成就等。

（3）What can you do? 这是第三个问题——你能做什么？究其实质是完成自我能力的审视过程。分析的内容包括你的专业技能和通用能力。

（4）What can support you？ 这是第四个问题——什么是你的职业支撑点？究其实质是通过这个问题完成你的外部环境的分析。分析的内容包括你的家庭环境、学校环境、社会环境和自然环境。

（5）What can you be in the end? 这是最后一个问题——最终你选择了什么？最后这个问题一定要在前四个问题的基础上方可回答。通过前面的分析，你的思路一定是非常清晰的。

（三）平衡单分析法

以学生清清的"生涯决定平衡单"为例。

基本情况：清清，三年级，助产专业。心里很纠结，既希望工作稳定，又期望工作能有挑战性。个性开朗、活泼、综合素质好、个人能力强、遇事有主见，目前正考虑的三大方向是：考公职、国内读研究生、到国外去读研究生。对于这三条路径，她的考虑如下（表3-5～表3-7）。

表3-5 清清的生涯决策表

考虑方向	考公职	国内读研究生	国外读研究生
优点	稳定的收入 工作体面 工作轻松 压力小	清楚国内产业发展变化 人际关系网可以利用 适应能力更强 工作升迁容易	圆国外留学梦 增长见识 英文口语能力提高 日后升迁空间大 激发潜力
缺点	容易产生职业倦怠 不易升迁 不符合充满挑战的个性	学习过程中压力大 学习过程中花销大 无过多经济来源	经济紧张 不适应国外生活 顺利毕业难度大
其他	父母支持	男朋友期望	做兼职有积蓄，但不够出国的花销

表3-6 清清的生涯决定平衡单（原始分数）

考虑项目 （加权范围1～5倍）	第一方案（考公职）		第二方案（国内读研）		第三方案（出国留学）	
	得(+)	失(-)	得(+)	失(-)	得(+)	失(-)
1.适合自己的能力		-4	5		6	
2.符合自己的兴趣		-3	4		8	
3.符合自己价值观	5		3		7	
4.满足自己自尊心		-2	3		7	
5.较高的社会地位		-5	3		6	
6.带给家人声望			1		2	
7.符合自己理想的生活形态	2		5			-3
8.优厚的经济报酬	3			-1		-8
9.足够的社会资源	7		8			-1
10.适合个人目前处境	2		2		1	
11.有利择偶	5		5			-5

续表

考虑项目 （加权范围1~5倍）	第一方案（考公职）		第二方案（国内读研）		第三方案（出国留学）	
	得（+）	失（-）	得（+）	失（-）	得（+）	失（-）
12. 未来有发展性	7	-5	5		8	
合计	31	-19	44	-1	45	-17
得失差数	12		43		28	

说明：每个项目的得分或失分，可以根据该方案具有的优势（得分）、缺点（失分）来回答，计分范围1~10分。最后，合计每个方案的优点总分和缺点总分，正负相加，算出客观的得失差数。
根据自己的真实想法作答，方可正确评估每个方案对自己的重要性。

表3-7　清清加权后的生涯决定平衡单

考虑项目 （加权范围1~5倍）	第一方案（考公职）		第二方案（国内读研）		第三方案（出国留学）	
	得（+）	失（-）	得（+）	失（-）	得（+）	失（-）
1. 适合自己的能力 5		-20	25		30	
2. 符合自己的兴趣 2		-6	8		16	
3. 符合自己价值观 4	20		12		28	
4. 满足自己自尊心 2		-4	6		14	
5. 较高的社会地位 3		-15	9		18	
6. 带给家人声望 2	4		2		4	
7. 符合自己理想的生活形态 5	15		25			-15
8. 优厚的经济报酬 3	21			-3		-24
9. 足够的社会资源 2	4		16			-2
10. 适合个人目前处境 5	25		10		5	
11. 有利择偶 4	28		20			-20
12. 未来有发展性 3		-15	15		24	
合计	117	-60	148	-3	139	-61
得失差数	57		145		78	

说明：每个项目的重要性因人、因时、因地不同。对于此刻的你，可以根据考虑项目的重要性与迫切性，给他们乘上权数（加权范围1~5倍）；将平衡单上的原始分数乘上权重，分数差距变大，最后把"得失差数"算出来，并据此做出最终的决定。经过这一番考虑后，清清的最终决定会是在国内读研；比较每一种方案的综合得分据此做出生涯决定，此决定就是用生涯主民抉择平衡单所作出的综合效用最大化的决定。

（四）Casve 循环

认知信息加工理论（cognitive information processing）由 Peterson 等提出，该理论一直由这些研究者实践和研究着。他们吸收了认知行为干预、决策制定策略及其他观点，提出了认知信息加工金字塔（图3-1）和 Casve 循环（图3-2）这两个核心观点。

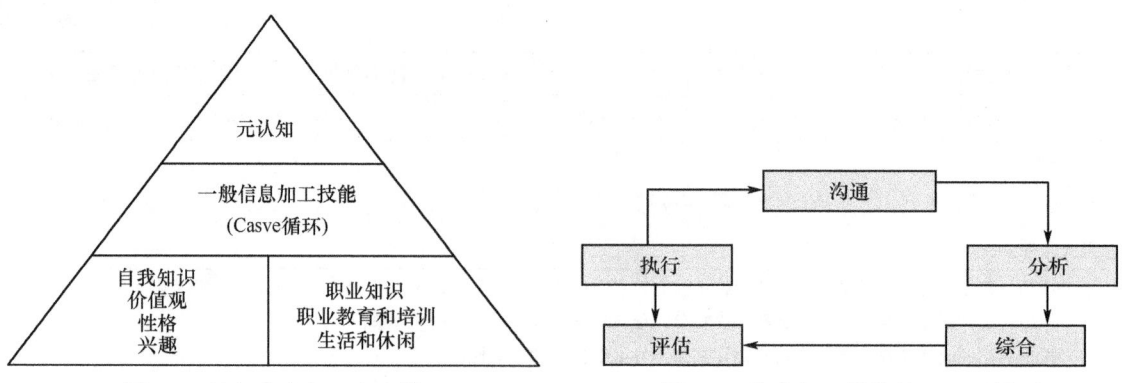

图 3-1　认知信息加工金字塔　　　图 3-2　信息加工技能的 Casve 循环

认知信息加工理论将决定看做是生涯发展的关键一环，该理论提出 Casve 循环来表述个体如何做出决策，也就是生涯决定是下面五个要素之间的往返循环过程。

1. 交流（Communication）　即了解来访者之间存在的差距，这是问题解决开始时需要的信号。这些差距可能是外部需求，诸如不良工作行为，自我破坏行为，机体障碍物或抱怨；也可能是内部状态，如抑郁、焦虑或使人不舒服的其他情感等。这些交流形成了两个最基本的问题：此刻我正在思考并感觉到的自己的职业选择是什么？我对职业咨询的结果所抱的希望是什么？

2. 分析（Analysis）　即澄清或获得关于自我、职业、决策及元认知的知识，包括获得我们需要的信息的各个步骤。

3. 综合（Synthesis）　即精心搜索和综合选择。精心搜索指查看各种可能性以发现尽可能多的解决问题的方法。综合或具体化阶段的工作是向那些和自己的知识一致的解决方法靠拢。

4. 评价（Valuing）　即找出最优选择并做出临时选择，指在研究了什么选择最适合自己、环境以及那些与自己的生活关系最密切的人们之后，选择可能性最大的情况。

5. 执行（Execution）　即设计一项计划来实施某一临时选择，包括培训准备（如正规教育或培训经历）、实践检验（如兼职、志愿工作等）与求职。

依据是否需要做出决策以及是否容易获得信息资源等，个体决定是否重新重复这五个要素。

（五）PPDF 法

1. 个人情况

A. 个人简历：包括个人的生日、出生地、部门、职务、现住址等。

B. 文化教育：校名、地点、入学时间、主修专题、课题等。所修课程是否拿到学历，在学校负责过何种社会活动等。

C. 学历情况：填入所有的学历、取得的时间、考试时间、课题以及分数等。

D. 曾接受过的培训：曾受过何种与工作有关的培训（如在校、业余还是在职培训）、课题、形式、开始时间等。

E. 工作经历：按顺序填写你以前工作过的单位名称、工种、工作地点等。

F. 有成果的工作经历：写出你认为以前有成绩的工作是哪些。

G. 以前的行为管理论述：写你对工作进行的评价，以及关于行为管理的事情。

H. 评估小结：对档案里所列的情况进行自我评估。

2. 现在的行为

A. 现时的学习情况：应填写你现在的学习成绩、通用能力等。

B. 现时行为管理：写上你现在的每日行为记录，可以在这里加一些注释。

C. 现时目标行为计划：设计一个目标，同时列出和此目标有关的专业、经历等。这个目标是有时限的，要考虑到成本、时间、质量和数量的记录。

D. 如果你有了现时目标。它是什么？

E. 怎样为每一个目标设定具体的期限？

3. 未来的发展

A. 职业目标：在今后的3～5年里，你准备在单位里做到什么位置。

B. 所需要的能力、知识：为了达到你的目标，你认为应该拥有哪些新的技术、技巧、能力和经验等。

C. 发展行动计划：为了获得这些能力、知识等，你准备采用哪些方法和实际行动。其中哪一种是最好、最有效的，谁对执行这些行动负责，什么时间能完成。

D. 发展行动日志：此处填写发展行动计划的具体活动安排，所选用的培训方法。如听课、自学、所需日期、开始的时间、取得的成果等。这不仅仅是为了自己，也是为了了解工作、了解行为。同时，你还要对照自己的行为和经验等，写上你从中学到了什么。

参照上述办法，大学生也可以为自己的大学生涯设计一个PPDF，设计好后交给辅导员一份，给父母一份，自己手上留一份，每隔一个月或半年对照一次，看看执行与实现的情况如何，以便及时调整。

（六）内外匹配分析法

人职匹配的过程包括以下三个步骤。

第一步，特性评价。评价被指导者的生理、心理特性，职业能力测验，职业兴趣评价，人格测验，以及有关被指导者的家庭文化背景、父母职业、经济收入、学业成绩、闲暇兴趣等，从而获得全面的材料，做出综合评价。

第二步，职业因素分析。指分析职业的各种因素，包括各类职业内容、特点，提出对从业人员的具体要求。

第三步，个人特性与职业因素的匹配。根据被指导者特性评价与社会职业因素分析结果，对个人进行职业咨询与指导，从而达到人与事的合理匹配。

运用这一方法往往取得较好的职业指导效果，且成功率高。不足之处是它忽视了人的整体性和人的社会心理对选择职业的影响。此外，它还忽视了人适应职业的主动性和个体的可塑性，过分地强调对个性特点的适应。这种过于机械的做法容易导致有些人难于找到适合自己"特点"的工作，而有些工作又找不到"合适"的人。

（七）大学生涯愿景模型法

1. 个人愿景是什么？

个人愿景是发自个人内心的，真正最关心的，一生最热切渴望达成的事情，它是一个特定的结果，一种对未来的期望或意象。当你为一个自己认为至高无上的目标献上无限心力的时候，它就是一种自然的、发自内心的强大力量。

愿景有多个方面。有物质上的欲望，有个人的健康、自由、对自己诚实，还有对社会方面的贡献，对某领域知识的贡献等等。

总的来说，个人愿景主要包括以下几个方面。

（1）自我形象：你希望成为什么样的人？假如你可以变成你向往的那种人，你会有哪些特征？

（2）有形财产：你希望拥有哪些物质财产？希望拥有多大的数量？

（3）家庭生活：在你的理想中，你的家庭生活环境是什么样子？

（4）个人健康：你对于你的健康、身材、运动以及其他和身体有关的事情，有什么期望？

（5）人际关系：你希望和你的同事、家人、朋友以及其他人保持哪一种关系？

（6）职业工作：你理想中的职业状况是什么样子？你希望你的努力可以发挥什么样的影响力？

（7）个人休闲：在个人的学习、旅游、阅读或其他的活动领域中，你希望创造出什么样的成果？

2. 如何建立个人愿景？

学会把焦点放在全过程追求的目标上，而非仅放在次要的目标，这样的能力是"自我超越"的动力。人在做真正想做的事情时，就精神奕奕，并充满热忱。当遭受挫折的时候，会坚忍不拔，认为是自己分内该做的事，觉得很值得做，意愿很强大，效率也自然提高。

每个人都有自己的愿景，但在很多情况下，人们对自己的愿景往往是模糊的，或者是误解的，这样就会造成行动的盲目。因此，对于每个人来说，关键并不是如何建立个人愿景，而是如何理清个人愿景。

清晰自己愿景的三个步骤：

第一步，想象实现愿景后的情况。假如你得到了深深渴望获得的成果，那么这到底是什么样的情景，你怎样来形容它？你的感觉如何？这种感觉是不是你真正所想要的？

第二步，形容个人愿景。想象你正在达成你一生最热切渴望达成的愿望，这些愿望会像什么样子？请你回顾在你学童时代、高中毕业时、大学毕业时、参加工作后以及现在的个人愿景，其中哪些愿景实现了，哪些没有实现，原因是什么？这些愿望包括自我形象、有形的财产、感情生活、个人健康、人际关系、工作和个人休闲等。

第三步，检验并弄清楚愿景。分步检视你写下来的个人愿景所组成的清单和每个面向，从而找出最接近你内心深处的层面。如果你现在就可以实现愿景，你会接受它吗？假定你现在就实现了愿景，这个愿景能为你带来什么？你接受了它，你的感受又是怎样？

人生价值与工作价值的冲突，使我们身心和工作都受到了伤害。唯一的解决办法就是寻找一种职业，在个人兴趣和价值之间达到一种均衡。

> **名人名言**
>
> 工作的最高境界就是快乐，宁可做鞋匠中的拿破仑，做清洁工中的亚历山大，也不要做根本不懂法律的平庸律师。
>
> ——马修·阿诺德

综上所述，大学生要想在未来的职业生涯中实现自己的目标，就必须制定具体的职业生涯措施，做出科学合理的决策。通过措施的制定，大学生可以理性地分析自我的优点和不足，做到扬长避短，充分挖掘自身的潜能，释放青春的能量。通过各种环境的分析，找出对自身发展有利的条件，乘势而上，实现自我的人生价值与社会价值。通过做科学的决策，更好地锻炼自我，学会合理取舍，成长为社会的中流砥柱。

> **思考与讨论**
> 1. 试着用所学知识做好职业生涯发展目标的详细规划，并搭建目标发展的阶梯。
> 2. 根据所学知识做一份详尽的职业生涯规划书。
> 3. 根据所学的职业生涯的决策方法，对自己进行客观分析。

（冯莉莉　郭东勤）

第4章 职业生涯规划的制定与实施

> 同学们进入大学时一定憧憬着美好的未来,希望在大学里有一番作为,为将来的就业创业奠定良好的基础。然而,有些同学在临近毕业时却发现,除了上课、下课、参加一些社团活动,理想并没有变成现实。职业生涯规划书的制定可以帮助我们更好地将美好的愿景变成学习和职业发展的蓝图,指引我们更好地将理想变成现实。那么,到底职业生涯规划书包括哪些内容?如何来写作?职业生涯规划如何实施?让我们在本章的学习中共同来了解。

第1节 职业生涯规划书的制定

● 案例4-1

近年来,大学毕业生就业后频繁跳槽的现象引起了社会的广泛关注,很多企业表示"不能忍"。这一现象暴露了大学生对未来职业发展缺乏长远规划,定位不清。在某校举行的优秀校友分享会上,任某医疗公司高管的陈总给学弟学妹的建议就是:"要想毕业后找工作少走弯路,大家在大学期间为自己设计一份职业蓝图,做一份切实可行的职业生涯规划书。"听到这,小文同学提出了自己的疑问:"职业生涯规划书是不是就是把自己未来的目标写下来就可以了?"

请问:1. 职业生涯规划书包含哪些内容?
　　　2. 如何制定自己的职业生涯规划书?

达成自己树立的目标,不仅要有心动,还要有行动。制定科学的职业生涯规划书,会帮助大学生进一步明确自己将来的职业方向,减少机会成本,引导大学生通过努力实现自己的人生奋斗目标。

职业生涯规划书的作用

职业生涯规划书是指个人结合自身情况、环境及制约因素,为自己确立职业方向、职业目标,选择职业道路,确定教育计划、发展计划,为实现职业生涯目标而确定行动时间和行动方案的书面表达。它的作用主要体现在以下几个方面。

1. 理清思路　职业规划书写作是一个思考的过程。有些同学刚进入大学时没有目标，或者目标比较模糊，或者是有了目标也不知从何做起。通过职业规划书的写作将概念化和模糊化的意识变成明确的表达，进一步厘清自己的职业方向、职业目标并做出职业道路选择。

2. 自我梳理　职业生涯规划书的写作是建立在自我评价的基础之上，这是一个对自我全方面梳理的过程。通过对个人兴趣、爱好、性格、特长、经历等进行自我分析，可以对个人的整体实力形成客观评价，防止盲目自信或者自卑的情况发生。

3. 督促提示　人是有惰性的。如果没有一个量化的指标，单纯靠个人的自觉性来完成学习和工作的任务，很容易出现一些想象不到的偏差，比如完成时间滞后，完成质量水平降低，甚至放弃目标的执行等等。因此，如果制定好职业生涯规划书，按照规划书的步骤、要求来完成一项项任务，预防和纠正执行过程中出现的偏差。

4. 锻炼思维与写作能力　在写作职业生涯规划书时，不仅要思考，并且要通过语言组织表达出来，可以增强人的逻辑思维与直觉判断能力，同时也增强了语言文字的组织与表达能力，从而提高个人的工作效率。

5. 培养良好的习惯　职业生涯规划书的内容并不是一成不变，随着年龄的增长、个人能力的提升和客观环境的变化，同学们需要对职业规划书的相关内容进行调整。回顾以前做的规划书中存在的不足，总结出一些经验，这种不断总结和回顾的过程可以使人的生活、工作和学习比较有规律性，养成良好的习惯。

 职业生涯规划书写作的原则

职业生涯规划书是个人职业生涯规划的文字表达，它的写作过程必须遵循一定的原则：

1. 预测性原则　职业生涯规划书是为自己定下事业大计，在详细测量主客观条件的情形下设计出各自合理且可行的职业生涯发展方向，确定最佳的职业奋斗目标，并为实现这一目标做出行之有效的安排，具有较强的预测性。

2. 可评估性原则　职业生涯规划书的设计具有明确的时间限制或标准，使自己随时掌握执行状况，并根据时间节点和标准进行自我评估。

3. 可行性原则　一方面，职业生涯规划的目标要建立在现实条件的基础上。另一方面，规划各阶段的路线划分与安排，必须具体可行。实现生涯目标的途径很多，在作规划时必须要考虑到自己的特质、社会环境、组织环境以及其他相关的因素，选择确定可行的途径。

4. 发展性原则　个人的发展具有阶段性，在发展的不同阶段有不同的发展任务。已经制定的职业生涯规划并不一定完全适应新情况的变化，因此需要根据环境的变化、自我成长的状态以及其他因素，及时做出评估和调整，不断优化自己的职业生涯规划。

 职业生涯规划书写作的技巧

职业生涯规划书的常见格式主要有：①表格式，以表格的形式记录职业生涯规划目标、分阶段实现时间、职业机会评估和发展策略；②条列式，以分条列举的反方式记录职业生涯规划的主要内容；③综合式，集表格和条例形式一起的职业生涯规划书，既有形式上的美观又能兼顾写作的逻辑性，适应性和实用性较好。

结合自己的实际情况制定具有个人特色的职业生涯规划书是写作的关键，但总体来说，职业生涯规划书的写作可遵循一些实用的技巧：

（一）扉页

标明题目、目录、姓名及基本情况介绍、年限、起止日期等，也可直接标明文种"职业生涯规划书"。扉页设计要清晰美观。

（二）正文

1. 引言　写对自己进行职业生涯规划的缘由、背景和总体目标等，用语要简约。

2. 主体　这是规划书的重点部分，包括以下几项内容。

（1）自我分析评价：包括对个人兴趣（包括物质兴趣、精神兴趣、社会兴趣）、个人性格、个人气质（心理学将人的气质分为多血质、胆汁质、黏液质和抑郁质四种）、个人能力（语言能力、数理能力、判断能力、观察能力、动手能力、交往能力和组织管理能力）等进行分析。

（2）环境因素分析：包括对社会环境（社会文化、政治制度、价值观念、经济条件）和自然环境等进行分析。还可以对行业、组织制度、企业文化、管理层、组织运行机制、发展领域等进行分析。大学生规划职业也可分析校园环境对职业的影响。

（3）机会评估：通过对自身条件和外在环境进行测评，客观地评估自己的职业机会：包括自己的优势、弱势、机会和压力，找出现实条件与职业生涯规划中人生目标的差距。

（4）职业定位：就是明确一个人在职业上的发展方向，它是人在整个生涯发展历程中的战略性问题也是根本性问题。他是职业生涯规划及职业发展的第一步，也是最基础的工作、最重要的一步。定位错误或是偏差较大，那必然意味着接下来职业生涯的挫折和失败。具体而言，从长远上看是找准一个人的职业类别，就阶段性而言是明确所处阶段的对应的行业和职能，就是说在职场中自己应该处于什么样的位置。

（5）设计方案：根据自己的情况，实施不同的解决方案，找到缩小现实条件与职业生涯规划中人生目标的差距的方法。包括思想观念、知识技能、能力水平和心理素质等。

（6）实施方案：包括时间目标，职务目标，经济目标，能力目标、成功标准、发展策略、发展路径、具体措施等。要把长远目标和短期目标结合起来，通过不断实现短期目标来最终实现长期目标，也就是对目标进行分解与组合。这是职业生涯规划书的重点部分。

（7）评估调整：主要撰写对规划的反馈、调整与预测，包括调整内容、时间和原则，要为不断提高职业生涯规划书的可行性提供可靠的基准。职业生涯规划是一个动态的过程，必须根据实施结果以及对应变化进行及时的评估与修正。

（三）结尾

可以针对完成职业生涯规划书目标谈认识、表决心、提希望，还可以对职业生涯规划书目标实现后的情况进行憧憬。

四 职业生涯规划书写作示例

×××的职业生涯规划书

● 扉页（略）

● 正文部分

引言（略）

一、自我分析

（一）霍兰德的职业兴趣测量

1. 职业兴趣——喜欢干什么（具体展开描述）
2. 职业能力——能够干什么（具体展开描述）
3. 个人特质——适合干什么（具体展开描述）
4. 职业价值观——最看重什么（具体展开描述）
5. 胜任能力——优劣势是什么（具体展开描述）

（二）他人评价

父母、师长、同学、朋友等对自己的看法。

（三）小结

我的优势能力	我的弱势能力

（四）自我分析：（应结合目标职业展开，说明个人特质与目标职业的匹配情况）

二、环境分析

（一）家庭环境分析

就家庭经济状况、家人期望、父母的为人处世方式、教养方法等家庭因素对本人的性格及选择产生影响的方面进行分析。

（二）学校环境分析

如学校特色、专业学习、实践经验等，特别是所学专业在同等院校中的地位和毕业生的就业情况，对将来自己所要从事的职业的影响。

（三）社会环境分析

所面临的包括像就业形势、就业政策、竞争对手等，对自己将来职业选择可能产生的正负面影响……

（四）职业环境分析

1. 行业分析　自身规划进入的行业情况，如××行业现状及发展趋势，人业匹配分析。
2. 职业分析　理想职业的分析，如××职业的工作内容、工作要求、发展前景，人岗匹配分析。
3. 地域分析　理想就职地点的分析，如××工作城市的发展前景、文化特点、气候水土、人际关系、人与城市匹配度分析等。

（五）职业分析小结

表明自己取得目标职业的可能性和可行性，你目前已掌握了什么，与职业化的距离有多少。

三、职业定位

综合第一部分（自我分析）及第二部分（职业分析）的主要内容得出本人职业定位的SWOT分析：

内部环境因素	优势因素（S）	弱势因素（W）
外部环境因素	机会因素（O）	威胁因素（T）

结论：

职业目标	将来从事（××行业的）××职业
职业发展策略	举例：进入××类型的组织（到××地区发展）
职业发展路径	举例：走专家路线（管理路线等）
具体路径	举例：××员——初级××——中级××——高级××

四、方案设计及实施

（一）计划实施一览表

计划名称	时间跨度	总目标	分阶段目标	计划内容	策略和措施	备注
短期计划						
中期计划						
长期计划						

（二）详细执行计划如下

本人现正就读大学×年级，我的大学计划是……

五、评估调整

职业生涯规划是一个动态的过程，必须根据实施结果的情况以及因应变化进行及时的评估与修正。

（一）评估的内容

1. 职业目标评估 （是否需要重新选择职业？）

假如一直……，那么我将……

2. 职业路径评估 （是否需要调整发展方向？）

当出现……的时候，我就……

3. 实施策略评估 （是否需要改变行动策略？）

如果……，我就……

4. 其他因素评估（身体、家庭、经济状况以及机遇、意外情况的及时评估）

（二）评估的时间

一般情况下，我将定期（半年或一年）评估规划……

当出现特殊情况时，我会随时评估并进行相应的调整……

（三）规划调整的原则

六、结束语

……

第2节 职业生涯规划的实施

● 案例4-2

小乐是某高校护理专业的一年级新生，在班级主题班会上，辅导员王老师说："大家进

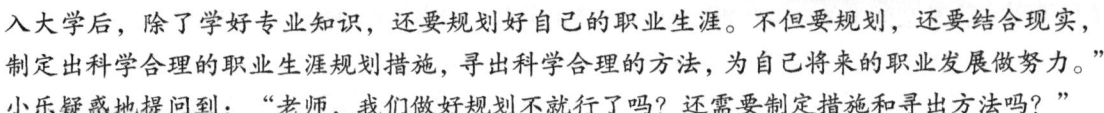

入大学后,除了学好专业知识,还要规划好自己的职业生涯。不但要规划,还要结合现实,制定出科学合理的职业生涯规划措施,寻出科学合理的方法,为自己将来的职业发展做努力。"小乐疑惑地提问到:"老师,我们做好规划不就行了吗?还需要制定措施和寻出方法吗?"

请问:1. 职业生涯规划应如何实施?
　　　2. 职业生涯规划的实施有哪些要素,其思路如何?

古语曰:"临渊羡鱼,不如退而结网。"作为当代大学生,我们与其去羡慕别人职业的成功,不如自己努力规划职业生涯,热情付出,认真思考,积极促进,亲身践行,将其由设想变为现实。

职业生涯规划措施

(一)概念

在我们设立好远期目标、中期目标和近期目标后,必须结合社会实际、家庭实际、个人实际,制定出实现这些目标的具体方案,并在现实实践中能够根据外界环境的变化和自身能力的提升,不断修正方案,使它帮助我们更好更快地达到预期目标。

(二)特点

1. 理想性与现实性　职业发展规划措施的理想性是指它是按照人的最好发展方向进行设想的,它暂时还不能完全有效预料到实践中可能出现的困难和挫折。例如,美术专业的大学生,在校时设想毕业后远期目标是做一名画家,但在她毕业之后,遭遇了一场车祸,导致双手残疾,无法继续她的画家梦。这个情况她是无法预测的。

现实性是指这些措施要源于现实,结合自身的能力、所学专业与外在环境因素进行预设。例如,小梅是学音乐专业的大学生,她在校时设想毕业后的远期目标是成为像冼星海一样的大家。但事实上,她的资质一般,连最基本的声乐知识都掌握得不是很熟练。于是,想成为音乐大家的梦想成了空想。这说明职业生涯规划必须要结合现实的各种情况来进行预设。

2. 变化性与稳定性　职业发展规划措施的变化性是指预设的措施不是一成不变的,而是根据人自身能力的提高和外在环境诸因素的变化,需要做出适当的调整。例如,李明宇是一位医学院校的大学生,他的近期目标是成为一名称职的医生。在他毕业后,因为医院鼓励在职医务人员进修,他便努力考研,用三年的时间读完硕士研究生后,又攻读了博士研究生,并成为某一领域的专家。这个案例说明了人自身的能力与外在的环境是处在不断变化中的。职业发展规划措施也一样是处在变化中的,这就要求我们能根据外在环境和内在能力的变化做出适当的调整。

稳定性是指对于同一个人而言,规划措施在大的框架上和方向上一般是不变的。例如,小洪是读医学院校的大学生,在他毕业后,他所从事的职业是在医院内做助理医师。而他的同学有的在医药公司做销售员,有的在卫生机关上班,全班同学几乎都是在与医疗有关的单位工作。从这个案例可以看得出,对于学医的大学生,他们的职业选择大都与医学有关,这便说明人们职业措施在大的框架和方向上一般是不变的,除非有极特殊的情况。比如有的人选专业时并未选择自己喜欢和擅长的专业,之后才有可能在大的方向上做出改变。

3. 同一性与差异性　职业发展规划措施的同一性是指每个人制定措施的依据是相同的,都是根据自身所学专业、自身能力、家庭状况、外界环境、社会需要等几个方面来进行考虑的。例如，张某某同学的职业生涯规划措施是根据所学专业、自身能力、家庭状况、外界环境、社会需要等几个方面来制定的。李某某同学的也是根据以上几个方面来制定，王某某同学同样如此。这就显示出职业生涯规划措施虽然因而异，但总的依据却具有内在的同一性。

差异性是指不同的人，自身能力、所学专业、家庭状况、兴趣爱好都会不同，所以由此而制定的发展措施也会存在差异性。例如，黄同学与李同学都是学中医的，但前者在学中医上有很大的兴趣，常常自学很多课外知识，掌握了大量的中医知识，并且其家庭也是中医世家，他在大学毕业前已考取省医科大学的研究生。而李同学因家境贫寒，毕业之后首先想到的是就业。由于起点和家庭不同，这两个人的职业生涯规划措施就有了差异性。

4. 自主性与限制性　职业发展规划措施的自主性是指主体在进入职场之前，为了自己在职业生涯中能够取得职业发展的顺利进行，自发自觉而进行的措施设置。自觉性主要体现了个体对自己未来职业发展的思考和关心，它建立在个体想努力实现自我价值和社会价值的基础之上，是个体实现自我和超越自我的一种路径预设。

限制性是指这些措施的制定不能随意进行，而只能根据各种已存在的主观条件和客观条件而去设置。被动性体现出个体在职业生涯规划目标实现的过程中的措施不是随心所欲去预设的，它不是空中楼阁，而是建立在现实存在的基础之上，以自我的实际能力、现有的外界环境因素作为制定的前提。限制性体现了措施的现实性。

5. 理论性与实践性　职业发展规划措施的理论性是指它的制定完全是理论上的预设，它还没进入实践环节。理论性也显示了理论对于实践的指导意义。

实践性是指规划措施必须具有可操作性，通过主体的实践有可能达到预期的发展目标。实践性指出职业生涯规划措施必须源于现实而又高于现实，有实现的可能性但又不代表一定能实现。

6. 前瞻性与滞后性　职业发展规划措施的前瞻性是指它的制定不完全是根据现实的条件进行，而必然也要考虑到将来各种条件变化前提下所做的制定。前瞻性说明制定措施在一定范围内应高于现实，是在未来可能具备的能力或条件下的一种预设。

滞后性是指在对外界客观条件估量不足的情况下，所制定出的措施不能达到预期发展目标。滞后性表明人的思维的有限性，不可能预期到未来真实发生的所有情况。例如，自身能力提升到何种程度，外界环境变化是有利还是不利等情况。

二　制定发展措施的重要性

（一）有利于加强学习的针对性

案例 4-3

李同学是一位中医养生专业的大学生，在校期间，她为自己制定了职业生涯规划措施，希望自己毕业后能在职场上做得更好。为了实现自己的职业生涯规划目标，课外自学英语、计算机、中医老年护理、中医美容、市场营销等内容。由于课外自学的内容太多，她影响到了自己的专业课学习，致使有几门专业课在考试时不及格。

请问：李同学的做法存在什么问题？

大学生通过制定职业生涯规划发展措施，明确了以后的发展方向，在学习上更有针对性，知道向哪个方向努力，会对自己未来职业的发展帮助较大。这无形中就增加了大学生学习的自觉性，他们的学习将不再局限于书本上，而是涉猎范围更广，知识更深，针对性更强。

（二）有利于提高自身的综合素质

职业生涯规划发展措施的制定，从表面上看，只是一种理论上的设想，而实际上，它可以提升大学生的多种能力。从规划的角度看，它可以提高大学生的逻辑思维能力；从理论的层面看，它可以激发大学生的设想能力、创新能力和协调能力；从实践的层面看，它可以锻炼大学生可行性操作能力、理论指导实践能力。通过以上各种能力的提升，最终达到提高大学生综合素质的目的。

（三）有利于提高服务社会的意识

● 案例 4-4

方同学是一位临床医学专业的毕业生。在校期间，他每学期的学习成绩都很优秀。在实习期间，他勤奋好学，有较强的动手实践能力，多次协助带教医生抢救病人，还被实习医院评为优秀实习生。毕业之后，他顺利进入一家市级人民医院工作。在工作过程中，由于他太过严肃，不擅与病人进行沟通，导致他每月的业绩都很差。

请问：你认为方同学要想改变当前的现状，应该从哪些方面做起？

大学生制定职业生涯规划措施，目的就是想让自己通过一步步的努力，迈向人生成功的巅峰。在当前的社会中，人的成功在很大程度上建立在服务周全的基础之上，这在无形中就要求大学生提高职业道德，树立服务社会的意识。只有服务于社会，才能实现其社会价值，进而获得社会的认可，使自己迈向事业的成功。

（四）有利于提高职场竞争力

21 世纪是个充满竞争与挑战的世纪，大学生事业的成功不仅建立在知识积累丰厚、自身能力强大、综合素质较高的基础上，还应具备适应各种挑战的能力。这就要求大学生能够接受新事物，有处理新问题的能力，在各种挑战面前有较强的应变能力。大学生制定职业生涯规划发展措施，本身就是在考虑各种竞争的前提下的设想，这也就增强了他们的社会竞争力，先设想了各种存在的竞争，提前做好应对的准备。

（五）有利于促进自我职业发展

大学生职业的发展离不开知识的积累、综合素质的提高、服务意识的树立和竞争能力的提升。当一位大学生具备了以上几种职业发展条件之后，相对于那些无职业规划的学生来讲，无疑是极具竞争力的。大学生的职业生涯规划措施为自我的职业发展提供了有利条件。

三 职业生涯规划措施的要素

（一）措施要素

职业生涯规划措施的要素一般包括以下三个方面：任务、标准、时间（一是目标完成期限；二是落实措施的时间进度）。

1. 任务要素 在制定职业生涯发展目标后，我们为达到预期目标要做的各项工作，即"做什么"的问题。

2. 标准要素　由现实的"我"迈向理想的"我"之间存在多大差距,为了缩小差距而制定的措施,不但应该具体,而且要符合一定的标准和规范,即"做到什么程度"的问题。

3. 时间要素　实现职业目标的各项措施应有具体的时间要求。包括两个方面:一是什么时候达到这个目标,即目标的实现应该有期限;二是什么时候实施达到目标所采取的各项措施,即任务完成的时间。

● 案例 4-5

小东是一位医学专科学校大三的学生,他的近期目标(2014～2017年)完成大专学习,拿到大专毕业证;中期目标(2017～2022年)是完成大专和本科的学习,并最终完成本科毕业证,考取执业医师资格证;远期目标(2022年以后)是进入乡村医院或乡镇医院工作,不断提升自己的知识水平,成为受人欢迎的医生。为了实现近期目标,他制定了详细的发展措施。具体发展措施如下:①在大一期间:努力学好本学年的所有专业知识,并不断提高自己的实践技能,且每门功课达到85分以上;考取一级普通话证;考取全国计算机等级考试一级证书;参加校级医学技能比赛,争取获奖;积极参加各种比赛,全面提升自我;与同学和老师处好关系,提高人际交往能力;提高自身职业道德素养;竞选班干部,锻炼组织和协调能力。②在大二期间:学好本学年专业知识和实践技能,且每门功课要达到90分以上;考取全国英语等级考试一级证书;参加市级以上医学技能比赛,争取获得一等奖;锻炼自己的写作和口头表达能力,提升自我;热心帮助他人,培养仁爱之心;参加职业技能鉴定考试,获取职业技能证书;竞选学生会干部,锻炼处理各种事务的能力;做各种兼职,在实践中锻炼自我。③在大三期间:到医院认真实习,虚心请教,提高自己的实践技能;与带教老师搞好关系,多动手、多动脑,做好学习笔记;做好考本科的文化课准备工作,开始着力考试;制作个人简历,考取工作;复习各专业课,顺利通过毕业考试,拿到毕业证。

请问:小东的发展措施体现了哪些要素?

(二)制定措施要领

制定职业生涯规划措施的要领:具体性、可行性、针对性。

1. 具体性　为了顺利实现自己的人生规划目标,学财会专业的大学生小刘为自己制定了发展措施如下(表4-1)。

表 4-1　刘同学制定的职业生涯规划发展措施

时间	方法	标准
一年级	基础学习考试	年终取得优异成绩
二年级	专业学习考试	考取会计电算化证
课余	自学、锻炼	自学专业书,提高综合素质
周末	自学	财经法规和职业道德规范
在出外勤时	多实践	争取多跑公司服务的小企业,了解服务对象的需求,为其排忧解难
处理事务时	多学习	向老会计师学习,争取业务指导,提高处理实际问题的能力
日常工作中	学交往	正确处理与领导、同事的关系,得到老板的信任

在刘同学制定的措施中,我们可以看到,他的措施制定得非常具体,不论是时间、方法,

还是任务标准方面，都有很强的可操作性，便于措施的落实和目标的实现。这体现了措施的具体性特点。

2. 可行性　可行性强调的是符合自身条件和外部环境，刘同学是一位学财会专业的职校生，他所制定的措施中像考取国家计算机一级证书、考取会计电算化证、考取从业资格证、自学财经法规和职业道德规范、向老会计师学习等措施非常符合他自身的条件，因而措施是可行的。

3. 针对性　针对性是强调措施不但直接指向目标，而且指向本人与目标的差距。刘同学的长远目标是成为一名会计师，而一名会计师不仅需要扎实的专业理论知识和较高的道德修养，更需要熟练的实际操作技能，作为一名财会专业的大专生与一名会计师的要求差距较大。因此他充分认识这种差距，在制定发展措施时，针对这些差距采取措施，以实现自己的目标。

在校期间他主要学习专业知识，掌握初步的专业技能，为毕业后当上会计师助理打下基础；毕业后，他主要应用专业知识和技能加强实践锻炼，积累工作经验，提高实际工作能力，为成为会计师奠定基础。

四 制定发展措施的思路

当我们制定了职业生涯规划目标后，要想实现这些目标，就应该制定具体的实施措施，一般制定措施的思路如下。

（一）明确近细远粗的思路

职业生涯规划发展措施的制定"近细"，是因为近期的发展措施一般都是我们将要付诸实践的措施，它的制定是我们考虑了当前个人知识基础、个人综合素质、实践能力和社会环境、社会需要、国家方针政策、地方招聘政策等方面后做出的措施，所以比较切合实际，也是我们迈向目标的第一步，它的成功与否直接决定后面的目标能否实现。所以，近期措施必须是详细的，而且还要有可执行性，与现实结合密切。

制定发展措施"远粗"，是因为一切事物都处在不断发展变化中。对于人来讲，随着年岁的增长、阅历的增加、知识的积累和思想的成熟，个人的综合素质和能力有大幅度变化，这种变化有多大，一般情况下是可预期的，但也有特殊情况。再说社会需要处在不断变化中，随着社会的发展，对于某些专业，需求量可能会越来越大。而对于某些专业，随着社会需求的减少，它也可能需求越来越少。社会需求中不确定的因素也越来越多。国家和地方的方针政策也会根据社会需要而有所变化。综合以上所述可知，制定的远期发展措施由于不确定的因素太多，所以措施只能是粗略地制定，它需要结合现实进行不断地修改。

（二）针对三个方面的思路

职业生涯规划发展措施的制定还要有针对三个方面的思路：①为近期目标的实现服务；②为第二阶段的发展做铺垫；③为长远目标的实现打基础。

1. 为近期目标的实现服务　设定了近期目标是制定发展措施的中心，而近期目标的实现又以个人基础知识、社会适应能力，个人综合素质、个人实践能力为前提，所以，说到底，应将近期发展措施的制定与个人各个方面的能力结合起来考虑，不夸大自身能力，也不看低自身水平，实事求是，将发展措施制定在有把握完成的范围内。这些措施要尽可能制定得能完成，因为它们是中期目标和远期目标的基础，只有将近期目标实现，我们才有信心按着自己的既定规划坚定地走下去。如果近期发展措施制定得难以实现或不能实现，那也就谈不上实现中期目标和远期目标了。

2. 为第二阶段的发展做铺垫　人们常说万事开头难，这个难就难在没有现成的经验可供借鉴，没有成功的方法可供运用，没有成功的事实来激励自我，一切都是摸着石头过河，在这个过程中有可能成功，也有可能失败。如果发展措施制定得科学合理，成功的概率比较大，它就可以激发我们的潜能，发挥我们的才干，挥洒我们的热情，鼓励我们的干劲，为第二阶段的发展做铺垫，促使我们沿着制定的职业生涯规划发展下去。第二阶段的发展在我们职业生涯规划中是重要的部分，它起着承上启下的作用，如果这一阶段的目标能够达到，这就预示着远期的目标有实现的可能性，如果这一阶段的目标实现不了，第三阶段的远期发展目标只能是水中望月，可望而不可即。

3. 为长远目标的实现打基础　《道德经》中说："合抱之木，生于毫末；九层之台，起于垒土。"长远目标的实现，建立在近期目标和中期目标实现的基础之上，如果没有近期和中期目标的实现，长远目标就成了无源之水，那是不可能实现的。近期目标和中期实现的措施的制定，是长远目标实现措施的借鉴，它们的科学与否直接决定着长远目标能否实现和实现的程度如何。所以，必须要重视前期措施的制定，使它科学合理，有较强的实践性，有切实的可行性，更要有较强的可操作性。

（三）找准弥补差距的思路

要想实现近期目标、中期目标和远期目标，我们在职业生涯规划中的措施也不是一成不变的，必须根据各种主客观因素的改变而做出相应调整。措施调整的关键就是找准规划措施与实际之间的差距所在，存在这种差距有自身能力的原因，还有外界环境的原因。如果是自身能力原因造成目标实现不了，就应该结合家庭和自身的实际，不断提升自我的能力和素质，使目标的实现成为可能。如果是外部需求改变，那我们就要根据需要做出相应的调整，不能再沿着预定的方向，而是沿着社会需要与自身已有能力的契合点前行。如果是社会环境改变，就应先找准社会环境的发展方向，考察原定的目标实现的可能性，创造条件去实现它，假设原定目标在当前的社会环境下已无实现的可能，就应该果断地停下来，调整预定目标朝着可能实现的方向前行。

┌─思考与讨论─┐

1. 结合自身现状，制定一份完整的职业生涯规划书？
2. 什么是职业生涯规划措施？大学生为什么在职业生涯规划后要制定相应的措施？

（郭东勤　王益兰）

中篇
就业成就事业

什么是就业？就业与职业、事业是什么关系？

有人说，为了谋生而工作是就业，为了一生而工作是职业，为了理想价值而工作是事业。新东方董事长俞敏洪说："什么叫就业？我有一个定义，就是找一份工作，不管你喜欢不喜欢干，你能干上这份工作，有了一份业，就可以赚自己的钱，不再花父母的钱，这就叫就业。我对学生讲课的时候有一个口头禅就是，22岁以前父母给你经济资助来帮助你大学毕业，如果说这是父母的应尽之责的话，那么到了22岁以后，大学毕业了，不管你是读书上研究生，还是工作，如果再多花父母一分钱都是卑鄙的。因为我认为，人就像动物一样，到了一定的时候，必须要出去养活自己。"

近三年我国高校毕业生屡创新高，2015年全国高校毕业生总数达到749万人，2016年达到765万人，2017年破纪录达到795万人。与此相连的是就业难，出现毕业即失业状况。作为当前就业形势下的大学生，为自己职业发展着想，在激烈竞争的就业市场找到自己的位置，确定自己能干的工作也即优势所在，使理想可操作化，为事业打基础。

在上篇中，我们主要了解到的是如何进行职业生涯规划。但再好的规划都必须付诸实施，认识自己，了解职业，找准目标都是为就业打基础。在具体就业过程中，大学毕业生经常出现诸如对就业政策不了解，不知道写求职简历，不懂得面试技巧，甚至因就业观念不正确出现失落感、挫折感。

先就业、再择业，这是毕业生应遵循的一条基本原则。马克思说人类首先必须吃穿住行才能从事其他活动。毕业了，不能再依赖父母，首先要解决生存问题，在激烈竞争的就业市场不能挑三拣四，先找一份赖以生存的职业，在工作中积累经验，再谋定而后动，选择更好的发展机会。同时放低身段，脚踏实地，量力而行，保持平常心。既要有天生我才必有用的豪迈，又要有积沙成塔的坚持。从平凡的工作做起，一点点地从实际工作中提升自己的综合能力。坚信一点，好工作是干出来的。

每个年轻人都渴望成就人生事业。古人云：安身立命。就业就是"安身"，解决生存问题；事业是"立命"问题，是作为一个人内心的"使命"，让你愿意为之无怨无悔投入时间、精力、资源，站在高处进行长远规划，不止为金钱物质的回报，更为心灵寻一处归宿。如果就业是为了养活自己和家庭，那事业就是作为一个社会人所思考的、所追寻的终极意义，是考量自身能给他人、整个社会，甚至整个世界带来多少光和热，在就业中才能成就事业。

本篇为中篇，共计两个章节，第5章介绍就业形势与政策，第6章为就业求职准备与面试技巧。

第 5 章 就业形势与政策

随着我国高等教育进入"大众化教育"阶段,各高校招生规模持续扩大,冲击就业市场的高校毕业生数量不断增长,高校毕业生的就业形势越发严峻。为了缓解就业压力,国家也陆续出台了一系列的就业政策,这对大学生的就业起到了重要的指导作用,因此了解就业形势,把握国家就业政策,对于大学生就业是十分必要的。

第 1 节 就业现状与形势

● 案例 5-1

毕业生小王来自云南罗平,直到当年 3 月份他还未落实工作单位。刚好罗平有一家制药厂要录用他,专业对口,又是家乡企业。然而他本人的择业意向却是单位地点必须在昆明市,至于到昆明的什么单位、具体做什么工作都无关紧要。除此以外,什么单位都不考虑。在这种心态下,结果自然难以如愿。

请问:1. 小王的问题你怎么看?
2. 你怎么看城市与专业的抉择问题?

2017 年度,中国的大学毕业生达到 795 万人,创下历史纪录。"史上最难就业季"的概念引得社会高度关注,频繁的报道和媒体的炒作把大学生就业拟定为一个非常艰难的社会命题。那么,大学生的就业现状与形势究竟如何呢?

一 我国大学生的就业形势

(一)大学生就业现状

1. 就业现状 2016 年度,全国高校毕业生人数达到 765 万人,加之往届未就业的毕业生,今年就业市场中的大学生达到了 1200 万人。高校毕业生的就业竞争益发激烈,就业形势也更加严峻(图 5-1)。

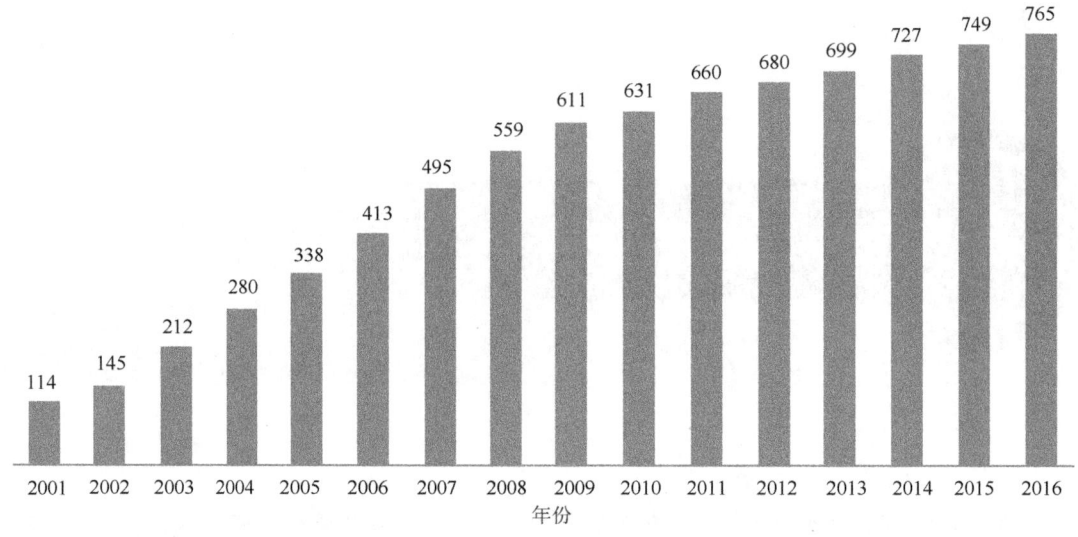

图 5-1 历年全国高校毕业生人数（万人）

2.就业特点

（1）区域分布不合理：目前我国的区域经济发展并不均衡，城市与农村之间、沿海与内陆地区之间以及东西部之间都存在着较大的经济差距，而在相当比例的大学毕业生中，都把经济待遇、能否留在东部沿海发达地区或是大城市当做就业的重要指标，甚至是唯一标准，这就导致了"有的地方没人去，有的人没地方去"的现象出现。一些高校毕业生宁可当大城市的"漂族"和"蚁族"，也不愿到小城市和基层就业。

（2）学历层次要求高：由于大中城市和发达地区成为大部分毕业生的就业首选，人满为患的现状加剧了人才的激烈竞争，也在无形之中提高了用人单位招聘的学历门槛。就总体情况而言，博士生和研究生的初次就业率高于本科生，高职高专的初次就业率正呈现逐年上升的趋势。

（3）院校差别大：重点大学和名牌高校的毕业生是就业市场的抢手货，用人单位对其青睐有加。反观一般高校的毕业生，用人单位的态度则较为冷淡。

（4）专业需求不平衡：社会对于不同的专业需求明显不同。在专业的对比中，连续两届的绿牌专业包括了软件工程、网络工程、通信工程以及车辆工程在内的本科专业，以及铁道工程技术和电力系统自动化技术两个高职高专专业。而成为红牌专业的则是应用心理学、生物科学、美术学以及音乐表演四个本科专业，以及法律事务和语文教育两个高职高专专业。社会需求饱和的专业相较于需求旺盛的专业，就业形势更加严峻。

（5）单位性质差别大：大部分的高校毕业生仍然倾向于机关事业单位和国有企业就业，认为这些部门更具发展前景，对于民营企业呈现不同程度的冷落态度。

此外，针对于医学院校毕业生而言，就业还具备一个显著的特点，即对口就业率高。医学类院校的毕业生主要的就业方向是医疗卫生机构，去行政单位和其他企事业单位就业的人数并不多，自主创业更是困难，因而就业选择较为单一。

（二）大学生就业难原因分析

1.经济形势影响　世界经济的持续低迷引发全球的就业形势严峻，也在一定程度上遏制了我国外贸出口、投资等领域的发展，影响我国高校毕业生的就业态势。同时，在我国产业机构调整以及创新驱动发展战略的整体趋势下，部分地区出现劳动力的供需结构性失衡现象，我国宏观就业形势将面临经济放缓、就业人数总量持续增加以及结构性失衡这三重矛盾。

针对于医药类院校毕业生，我国区域经济发展的不平衡导致的就业结构性失衡更加明显。我国社会保障制度逐步趋于完善，致力于实现医疗卫生体系的全民覆盖，基层医疗机构需要大量的合格医务工作者。但由于基层医院效益不高，国家支持乏力，并不能吸引医药院校毕业生就业。大部分的毕业生愿意到大中城市的医院就业，这也直接导致了就业压力增加。饱和的人员配置难以吸收更多毕业生，徒增激烈竞争。

2. **高校毕业生人数逐年增加** 高校扩招导致毕业生的人数急剧增加，2017年已达到795万人，相较于2001年增长了6倍之多，但随着国家政府机构改革和经济体制转轨，原国有单位的吸纳能力迅速下降，能够容纳毕业生就业的用人单位所能提供的工作岗位也是增长缓慢，促使就业市场长期处于供过于求的状况。

3. **教育培养与专业发展不适应** 高校多数专业的培养模式与其专业发展的需要并不相适应，尤其是医学专业。医学新兴的"生物－心理－社会"模式要求医院的服务理念从传统的解决临床问题转变为"更加注重人文关怀"，这就要求医务工作者除了具备扎实的专业知识技能以外，还要具备良好的综合素质。而多数的医学类院校并没有依据社会对卫生人才的标准改变而改变学校的人才培养目标，依旧重视理论知识的传授而忽视实践技能的训练，轻视人文素养的培育，过于重视专业知识的传授。在传授专业知识的过程中，偏重于疾病的治疗学习，忽视了医疗保健和预防方面的知识讲授，导致医学院校毕业生的知识结构与社会基层医疗机构的医疗保健需求出现错位，难以植根在基层，发挥自身应有的价值。

另外，医学类院校一直把临床医学和预防医学作为学校发展的重点专业给予倾斜式的支持，并不断扩大招生规模。但此类人才在就业市场已到达供求平衡状态，部分医院甚至已经出现了人员饱和的现象。而一些起步较晚的专业，例如，麻醉、影像等专业的社会需求较为旺盛，但学校在设计人才培养方案时却滞后于社会需求的变化，导致就业市场呈现结构性失衡。

4. **高校毕业生就业观念存在误区** 目前我国的高等教育虽然已经步入大众化教育阶段，但广大的毕业生和家长并不能及时更改就业观念，固执地认为高校毕业意味着培育了精英人才，必须要找一份体面的工作。此外，一些高校毕业生对物质和金钱的追求远超过对精神思想的追求，把地位和金钱看成是衡量人生价值的唯一标准，因而在择业的过程中十分看重起薪、单位性质、行政级别、地理位置等因素，把能够在国家机关、事业单位和大型的国有企业就业看做是首要目标，而对一些基层单位、民营企业和中小型企业却不屑一顾，但结果往往是高不成、低不就，导致就业难的现象出现。

同时，高校毕业生在严峻的就业形势之下常常对就业望而生畏，还没有开始择业就存在着很难就业的意识，止步不前。其实广大高校毕业生应该清楚地认识到，国家为大学生提供的就业岗位仍然非常多，高校毕业生饱和性失业的现象是不存在的。大学生就业难并不是因为毕业人数绝对过剩，而是人才相对过剩，主要集中在大中城市、大型企业等，而广大的农村和西部地区人才绝对缺失，因此找不到工作的想法并不存在，只是存在就业的地区、薪资、行业等方面的困难。

二、我国大学生就业政策

（一）鼓励高校毕业生到基层和艰苦地区工作

基层就业就是到城乡基层工作。国家近几年出台了一系列优惠政策鼓励高校毕业生积极参加社会主义新农村建设、城市社区建设和应征入伍。一般来讲，"基层"既包括广大农村，也包括城市街道社区。既涵盖县级以下党政机关、企事业单位，也包括社会团体、非公有制组织和中小企业。既包含自主创业、自谋职业，也包括艰苦行业和艰苦岗位。

各级政府要为高校毕业生创造工作条件，积极促进高校毕业生充实城市社区和农村乡镇基层单位，推荐从事教育、卫生、公安、农技、扶贫和其他社会公益事业。在艰苦地区工作两年或两年以上者，报考研究生的，应优先予以推荐、录取；报考党政机关和应聘国有企事业单位的，同等条件下，应优先录用。

1. 西部计划　大学生志愿服务西部计划（简称西部计划）是经国务院常务会议决定，由团中央、教育部、财政部、人力资源和社会保障部共同组织实施的一项重大人才工程。2016年，面向普通高等学校应届毕业生或在读研究生，由中央财政支持的全国项目计划选派 18 300 名左右志愿者（其中含已招募的第十八届中国青年志愿者研究生支教团 2135 名志愿者）。西部计划志愿者服务期为1至3年，服务协议一年一签。继续实施基础教育、农业科技、医疗卫生、基层青年工作、基层社会管理、服务新疆、服务西藏等7个专项。巩固服务新疆、服务西藏专项成果。深化研究生支教团工作和扩大基础教育专项规模，提升支教扶贫实效。深化基层青年专项，推进西部计划志愿者兼任基层团干部。强化后续人才培养，鼓励和支持志愿者扎根西部基层。为了更好的促使西部计划的实施，国家提供了相应的保障机制，包含了政策支持、资金保障等方面的内容。

政策支持包括按照《关于统筹实施引导高校毕业生到农村基层服务项目工作的通知》（人社部发〔2009〕42号）、《关于做好艰苦边远地区公务员考试录用工作的意见》（人社部发〔2014〕61号）等文件有关规定，服务期满2年或3年且考核合格的西部计划志愿者，在考研加分、报考公务员或事业单位和学费补偿、助学贷款代偿等方面享受相应的政策；志愿者相应服务期满考核合格的，依实际服务年限计算服务期及工龄，并在服务证书和服务鉴定表中体现；服务期满2年内，志愿者户籍、档案未迁出毕业院校的志愿者，可享受一次应届毕业生就业创业和落户等政策；出省服务的和在本省服务的志愿者享有同等的优惠政策。鼓励各地积极出台志愿者扎根当地的政策措施等。

资金保障包括财政支持经费。西部计划作为中央举办、地方受益的项目，所需经费由中央和地方财政共同承担。中央财政按照西部地区每人每年2.5万元，中部地区每人每年1.8万元的标准，通过一般性转移支付体制结算方式拨付省级财政部门。地方各级财政要统筹中央补助和自身财力，按时足额发放志愿者工作生活补贴，承担志愿者社会保险单位缴纳部分，开展志愿者培训、宣传等工作；缴纳社会保险。各地要研究制定缴纳社保的实施办法，确保今年7月底之前为全部西部计划志愿者（含研究生支教团志愿者）落实社会保险。各省（区、市）项目办要把握好给志愿者购买社保的时间节点，具体落实社保的时间进度、时间周期以各省（区、市）项目办实际情况为准，但要注意避免衔接不畅的情况；加大其他保障力度。鼓励基层服务单位积极为志愿者提供交通、住宿和伙食等方面的便利，提高保障水平。

2. 到村任职　选聘高校毕业生到村任职工作是十七大以来党中央做出的一项重大战略决策，主要目的是培养一大批社会主义新农村建设骨干人才、党政干部队伍后备人才、各行各业优秀人才。2014年5月30日，中央组织部召开全国大学生村官工作座谈会，进一步明确了大学生村官工作的定位：一是培养了解国情、熟悉基层、心贴群众、实践经验丰富的干部、人才；二是增强基层组织建设、促农村发展、让农民受益。

选聘高校毕业生到村任职工作是国家开展的选派项目。其性质为"村级组织特设岗位"，系非公务员身份,其工作、生活补助和享受保障待遇应缴纳的相关费用由中央和地方财政共同承担。大学生村官的工作管理及考核比照公务员有关规定进行,由县(市、区)党委组织部牵头负责、乡镇党委直接管理、村党组织协助实施;人事档案由县(市、区)党委组织部管理或县(市、区)人力资源和社会保障部门所属人才服务机构免费代理,党团关系转至所在村。

高校毕业生到村任职的优惠待遇包括以下几个方面:新聘任大学生村官补贴标准按专科2000元/月、本科2200元/月、研究生2600元/月,并随之同步提高。在艰苦边远地区工作的,按规定发放艰苦边远地区津贴;大学生村官聘用期间,按照当地对事业单位的规定,参加相应社会保险,并办理重大疾病、人身意外伤害商业保险;符合国家学费补偿和助学贷款代偿政策规定、聘期考核合格的大学生村官,其学费和国家助学贷款由财政补偿和代偿;在村任职2年以上,具备选调生条件和资格的,经组织推荐,可参加选调生统一招考;聘用期满、考核称职的大学生村官,经县级组织、人力资源和社会保障部门同意,可参加面向大学生村官等基层服务人员的公务员定向招录;除实行职业资格准入和专业限制的岗位之外,县(市、区)、乡镇事业单位每年在公开招聘工作人员时,要拿出一定比例定向招聘服务期满、考核称职的大学生村官;聘用期满、考核称职的大学生村官,报考研究生享受增加分数等优惠政策,同等条件下优先录取;被党政机关或企事业单位正式录用(聘用)后,在村任职工作时间可计算工龄、社会保险缴费年限;到西部和艰苦地区农村任职的,户口可留在现户籍所在地。

3. "三支一扶"计划 "三支一扶",是指大学生在毕业后到农村基层从事支农、支教、支医和扶贫工作。该计划的政策依据是国家人事部2006年颁布的第16号文件《关于组织开展高校毕业生到农村基层从事支教、支农、支医和扶贫工作的通知》,其目的在于为高校毕业生向基层单位落实就业问题提供具体的指导和保障。

"三支一扶"计划总体的优惠政策包括原服务单位有职位空缺或有相对应的自然减员需补充人员时,要聘用服务期满考核合格的"三支一扶"大学生。相关事业单位公开招聘工作人员,应拿出不低于40%的比例,聘用具有两年以上基层工作经历的高校毕业生,在同等条件下要优先聘用"三支一扶"大学生;对于准备自主创业人员,可享受行政事业性收费减免、小额贷款担保和贴息等有关政策;服务期满且考核合格的"三支一扶"毕业生可以享受一定的政策加分或同等条件优先录用;到西部地区和艰苦边远地区服务2年以上,服务期满后3年内报考硕士研究生,同等条件下优先录取;服务期满考核合格的"三支一扶"大学生,根据本人意愿可以回到原籍或到其他地区工作,凡落实了接收单位的,接收单位所在地区应准予落户;进入国有企事业单位时,由接收单位按照所任职务比照同等条件人员确定其职务工资标准,其服务期限计算为工龄,在今后晋升中高级职称时,同等条件下优先评定等六个方面,同时每个省市根据各自的情况提供不同的优惠政策。

以河北省廊坊市为例,2017年"三支一扶"计划的优惠政策是按照每人2000元的标准,给予每名新招募且在岗服务满6个月以上的"三支一扶"志愿者一次性安家费补贴,服务期间,发给志愿者每人每月的生活补贴分别为研究生2150元、本科生2050元、专科生1950元,并为其办理服务期内的养老、医疗、工伤保险。社会保险的单位缴费部分由省三支一扶工作协调管理办公室负责缴纳,个人缴费部分在"三支一扶"志愿者生活补贴中代扣代缴,相关手续由省"三支一扶"工作协调管理办公室负责办理。参加"三支一扶"计划的高职(高专)毕业生,服务期满考核合格的,可免试入读成人高等学历教育专科起点本科。服务期满三年内报考硕士研究生的,初试总分加10分,同等条件下优先录取。对于已被录取为研究生的应届高校毕业生参加"三支一扶"项目的,学校应为其保留学籍。

（二）鼓励毕业生到中小企业和民营企事业单位就业

国家鼓励各类企事业单位特别是中小企业和民营企事业单位聘用高校毕业生，政府有关部门要为其提供便利条件和相应服务。对企业跨地区聘用的高校毕业生，省会及省会以下城市要认真落实有关政策，取消落户限制。同时，国家还鼓励中小企业和民营企事业单位聘用高等职业学校（大专）毕业生，对就业困难的应届高职（大专）毕业生，由劳动保障、人事和教育部门共同实施"高职（大专）毕业生职业资格培训工程"，对需要培训的应届高职（大专）毕业生进行职业技能培训和职业技能鉴定。培训费由教育系统承担，职业技能鉴定费由劳动保障部门适当减免。

此外，党政机关录用公务员和国有企事业单位新增专业技术人员和管理人员，应主要面向高校毕业生，公开招考或招聘，择优录用。

（三）鼓励高校毕业生自主创业和灵活就业

党的十八大明确提出，要加大创新创业人才培养支持力度。习近平总书记多次做出重要指示，要求加快教育体制改革，注重培养学生创新精神，造就规模宏大、富有创新精神、敢于承担风险的创新创业人才队伍。李克强总理多次强调"大众创业、万众创新"的核心在于激发人的创造力，尤其在于激发青年的创造力。

国家关于大学生创业的优惠政策包括资金支持和提供免费服务等方面，其中资金支持是指对符合条件的大学生自主创业的，可在创业地按规定申请创业担保贷款，贷款额度为10万元；毕业2年以内的普通高校学生从事个体经营（除国家限制的行业外）的，自其在工商部门首次注册登记之日起3年内，免收管理类、登记类和证照类等有关行政事业性收费；还有相关的税收优惠和贴息。而提供免费服务是指有创业意愿的大学生，可免费获得公共就业和人才服务机构提供的创业指导服务，包括政策咨询、信息服务、项目开发、风险评估、开业指导、融资服务、跟踪扶持等"一条龙"创业服务。同时自主创业大学生可享受各地各高校对自主创业学生实行的持续帮扶、全程指导、一站式服务，同时开设创新创业教育课程强化创新创业实践。

不仅如此，各省市对大学生自主创业也非常重视，根据本地需求提供了更具体的支持和鼓励优惠政策。例如，黑龙江省提出大学生可以优先转入相关专业学习，允许保留学籍休学创业创新，和毕业生一样享受国家的自主创业扶持政策，到2020年，将有1/10的应届高校毕业生参加创业培训。哈尔滨对大学生创业项目给予补贴，凡大学生在哈市创业的，在城镇创业的对其创业项目给予2000元的一次性创业项目补贴。为鼓励大学生返乡创新创业，对返乡到农村（乡镇及以下）创业的大学生给予3000元的一次性创业项目补贴。对科技含量高、市场潜力大、能在短时间内形成经济增长点的优秀和重点科技创业项目，经评审给予20万元至30万元经费资助；开展大学生创业大赛与大学生创业典型评选活动，大力扶持网络创业。

江西省提出高校学生休学创业最多可保留7年学籍，财政每年注入1000万元资金充实青年创业就业基金，每年重点支持1000名大学生返乡创业。

天津市则是对高校毕业生、留学回国人员注册资本50万元以下的公司可零首付注册，开辟"绿色通道"支持自主创业。

浙江省杭州市相关政策规定，大学生创业项目申请无偿创业资助的，资助金额的额度从原来的最高10万元提高到20万元；"实行房租补贴机制"——大学生创业园所在城区政府为入园企业提供两年50平方米的免费用房，对在创业园外租房用于创业的，由纳税地财政在两年内按标准给予房租补贴,补贴标准为第一年补贴 1 元/(米^2·天)、第二年补贴 0.5 元/(米^2·天)(实际租用面积超过 100 平方米的,按 100 平方米计算;房租补贴超过实际租房费用的,按实际租房费用补贴)。

重庆市提出半年以上未就业有固定户口的大学毕业生可在其户口所在地居委会登记,申请 3000~4000 元人民币的银行抵押和担保贷款;自谋职业的毕业生,根据本人意愿,可将户口和人事档案暂存就读学校 2 年或由市大中专毕业生就业指导中心存管 2 年,存管期间免收档案管理费。

四川省则是为大学生创业提供万元创业补贴、创业培训补贴和在校大学生创业担保贷款贴息等福利。

福建省则在 2014~2017 年,引领 3 万名大学生实现创业,在全省各地和高校扶持建设 50 个创业孵化基地(创业园)。每年为 1000 名创业大学生提供孵化服务,评选资助一批优质大学生创业项目。

江苏省南京市主要是河西金融集聚区的专项资金将由每年 6000 万元,扩充至每年 1 亿元。建邺区财政将每年安排 3000 万元,设立专项扶持资金,用于扶持大学生创业小额担保贷款贴息等,凡在建邺区工商登记注册的初始创业大学生,按每人 1000 元的标准给予创业补贴。凡经市级验收评定为"大学生创业园"的,给予 30 万元的一次性建园奖励补贴。

陕西省主要是为高校毕业生提供 SYB 模块培训("创办你的企业"),培训合格后 6 个月内成功开业且在开业后 6 个月内提供不少于 3 次后续跟踪指导服务、开业单位(企业)正常经营的,再按 800 元/人对创业培训机构给予补贴;每人每年可享受一次;组织相关专家对创业项目进行论证,提供开业过程中的信息咨询,指导办理工商、税务注册登记手续;个人自主创业且符合申请小额担保贷款条件的,可申请不超过 10 万元的贷款扶持;合伙经营或组织起来就业的,可申请不超过 50 万元的贷款扶持。

> **链接**
>
> SYB 的全称是"START YOUR BUSINESS",意为"创办你的企业",它是"创办和改善你的企业"(SIYB)系列培训教程的一个重要组成部分,由联合国国际劳工组织开发,为有愿望开办自己中小企业的朋友量身定制的培训项目。SYB 起源于瑞典,20 世纪 70 年代开始叫"看管你的企业",由于 70 年代开发的教材取得了成功,77 年瑞典与 ILO 合作改编为 IYB,到 90 年代 IYB 有了另一个成员 SYB,它是 ILO 在斐济做培训时开发的。1998 年在 SIYB 中又衍生了 GYB。GYB 中一部分内容包含在 SYB 中但并不完全。2003 年 ILO 又在斯里兰卡开发了 EYB。目前有 84 个国家使用 SIYB。我国从 1998 年引进,在北京、上海、苏州三个城市试点,2003 年底,向百个城市推广创业培训。SYB 是一套简明、通俗、易懂、实用的创业培训教材,SYB 的培训课程总共分为两大部分,第一部分是创业意识培训,共两步,第二部分是创业计划培训,共十步。

山东省则是扩大省级大学生创业孵化基地、创业园区支持范围,通过财政奖补支持,鼓励政府、高校和企业建设一批孵化条件好、承载能力强、融创业指导服务为一体的创业孵化基地和创业园区,为劳动者提供优良的创业平台。

安徽合肥主要是给予创业培训补贴和房租、水电费补贴,为大学生提供最高 10 万元小额担保贷款。

内蒙古重点支持大学生到新兴业态创业，支持社会力量举办创业沙龙、创业大课堂、创业训练营等创业培训活动。

西藏拉萨首个大学生创业孵化园预计将于 2016 年 6 月完工建成，届时，拉萨市的大学生们可以在孵化园内直接享受到减免场租费等多项"政策红包"。

新疆乌鲁木齐主要是在天山区建创业孵化基地，既为创业者提供场地、给予政策帮扶，还让在校大学生进行创业实习，为他们今后的创业积累经验。

（四）为高校毕业生办理户口和人事档案手续提供便利

对毕业离校时未落实工作单位的高校毕业生，本人要求户口和人事档案保留在学校的，按规定保留两年。在此期间，档案管理机构对保管其档案免收服务费用；本人要求将户口转回入学前户籍所在地的，公安机关应当按照户籍管理规定为其办理落户手续，人事、教育部门所属人才交流服务机构负责办理相关手续，人事部门所属人才交流服务机构免费提供人事代理服务。本人落实工作单位后，公安机关按有关规定办理户口迁移手续。

（五）强化对困难高校毕业生的就业援助政策

困难家庭高校毕业生是指来自城镇低保家庭、低保边缘户家庭、农村贫困家庭和残疾人家庭的普通高校毕业生。各级机关考录公务员、事业单位招聘工作人员时，免收困难家庭高校毕业生的报名费和体检费。为帮助困难家庭的高校毕业生求职就业，高校一般都会安排经费作为困难家庭毕业生的求职补助，或对已成功就业的困难家庭毕业生给予奖励。困难家庭的毕业生可向所在院系书面申请。学校也应根据平时掌握的情况，对困难家庭的毕业生给予主动帮助。从 2013 年起，对享受城乡居民最低生活保障家庭、获得国家助学贷款的毕业年度内高校毕业生，可给予一次性求职创业补贴，补贴标准由各省级财政、人力资源和社会保障部门会同有关部门根据当地实际制定，所需资金按规定列入就业专项资金支出范围。

此外，针对于就业困难的高校毕业生国家也提出了相应的措施，毕业半年以上未能就业并要求就业的高校毕业生，可持学校证明到入学前户籍所在城市或县劳动保障部门办理失业登记。劳动保障部门所属的公共职业介绍机构和街道劳动保障机构应免费为其提供就业服务。对已进行失业登记的高校毕业生，有条件的城市、社区可组织其参加临时性的社会工作、社会公益活动，或到用人单位见习，给予一定报酬。对于因患病等原因短期无法工作并确无生活来源者，由民政部门参照当地城市低保标准，给予临时救助。此项费用由地方财政列支。

第 2 节　树立科学的就业观

● 案例 5-2

毕业生小刘学习成绩和其他方面条件都不错，在就业的初期满怀信心。但由于专业冷门等原因，找过几家单位都碰了壁，结果产生了自卑感。在后来的择业过程中表现越来越差，陷入恶性循环而不能自拔，以至于到了新的用人单位那里，只能被动地问人家："学某某专业的要不要"，其他什么话都不敢讲，最终未能落实就业单位。

请问：在择业过程中，应树立怎样的择业观念？

做好就业的心理准备

（一）自信

自信心是一种反映个体对自己是否有能力成功地完成某项活动的信任程度的心理特性，是一种积极、有效地表达自我价值、自我尊重、自我理解的意识特征和心理状态，也称为信心。高校毕业生要坚信"天生我材必有用"，相信自我的潜能是无限的。在就业压力很大的社会，自信心是大学生就业必备的心理状态，不要总是盲目担心自己找不到工作，找工作时只看到自己的劣势和短处，而是学会欣赏自己，发掘自身的优势。

（二）宽容

宽容，是耐心而毫无偏见地容忍与自己的观点或公认的观点不一致的意见，宽大有气量，不计较或不追究。退一步海阔天空，宽容让人学会欣赏他人，学会保持乐观的心境。态度可以影响人的行为，宽广的胸怀更是能激励大学生以乐观的心态面对社会激烈的竞争，执著进取，坚信自己的会获得美好的未来。

（三）学会调整心态

高校毕业生寻求就业的过程是不断的适应社会的过程，遇到困难和挫折都是正常的，产生负面情绪也是常见的。这就要求毕业生在遇到困难和挫折的时候要努力学会调适自己的心态，面对挫折时要淡定从容，在诸多的选择中冷静理智的做出判断。如若遇到困难，不如从以下几个方面进行调节。

1. **了解自我，主动出击** 了解自我，准确地把握自己是高校毕业生调节就业心态的一种途径。大学生结合自己的实际情况确定自己的就业目标，充分了解自己的兴趣爱好并把握自己的实际能力，才能客观的寻求自己的就业方向，找到适合自己的工作岗位。同时，高校毕业生在认识自己的过程中还要积极地接受自我，与其一味地抱怨自己，不如客观地承认现实，接受自身的优缺点能更好地趋利避害，扬长避短，在发挥优势的同时还要认识到缺点并不可怕，在今后的工作过程中是可以不断完善自我的。

此外，大学生在就业的过程中还要学会主动出击，结合自身的实际情况，多收集相关的就业信息，多参加人才交流会，随时为了就业做好充分的准备，这才能抓住机遇。机遇不等人，转瞬即逝，大学生在发现机会的时刻不要犹豫，主动出击，才能牢牢把握时机，打造自己的未来。

2. **接受现实，调整期望值** 当前就业市场存在的就业难现象，主要是由于用人单位的人才需求与高校毕业生的能力状况错位导致，大学生在就业过程中抱有过高的期望值也是这种结构性失衡的原因之一。因此，高校毕业生要想顺利实现就业，必须根据国家的就业形势并结合自身的实际情况来不断调整就业期望值。调整就业期望值不是一味地降低标准，而是在自己职业生涯规划的基础之上重新拟定计划，不再抱有一次到位的固有思想，适当的选择先就业、后择业到再创业的方向，在累积社会经验，提升社会生存能力的过程中不断发掘自己的潜能。

3. **完善自我，增强心理承受能力** 就业市场的激烈竞争不断向高校毕业生施加压力，更多的挫折和困难会接踵而至。面对困难，抱怨不能解决任何问题，必须要不断地调整自己的心态，增加自身的心理承受能力。良好的心理承受能力会使大学生在面对挫折的时候，冷静的分析失败的原因，总结经验教训，调整策略，避免类似的失败重复出现。

同时，积极分析在求职过程中的不良心态，还可以发现平时难以察觉的人格缺陷，人格的不完善若是不加以修正，必然会为以后的工作生活带来消极影响。大学生不必对于暴露出来的缺陷耿耿于怀，反而这种缺陷越早暴露越好，这样才能及时发现问题解决问题，积极地改变自我，完善自我，提升自己的人格魅力。

4. 开拓进取，勇于创业　在"大众创业、万众创新"的社会背景下，大学生可以利用国家提供的优惠政策实现自我创业。与其不断的承受就业压力，不如理性的寻求创业市场，根据自身的合理定位，找准思路，寻求有经验的相关人员，科学创业。

（四）做好职业生涯规划和就业准备

职业生涯规划就是个人与组织相结合，在对一个人职业生涯的主客观条件进行测定、分析、总结的基础上，对自己的兴趣、爱好、能力、特点进行综合分析与权衡，结合时代特点，根据自己的职业倾向，确定其最佳的职业奋斗目标，并为实现这一目标做出行之有效的安排。正所谓知己知彼，百战不殆。只有客观地认识自己，才能选择适合自己的就业途径，只有了解就业信息，才能更好地寻求就业岗位，发挥自己的能力。

树立科学的就业观念

（一）认清形势，自主择业

社会主义市场经济体制之下，社会资源主要是靠市场机制来进行调节，人力资源作为社会资源的一部分，也是由市场来调节，不再是传统的国家包办控制。大学生毕业包分配的体制已经转变为"不包分配、双向选择、自主择业"的就业体制。

自主择业是要打破原有的传统就业观念，只要是在国家政策的允许范围之内，发挥自己的能力来做出有益于社会的事情，就可以自谋职业，大施拳脚。当然，大学生在自主择业的同时还要进行准确的定位，要结合自己的实际情况确立合理的就业目标，实现"我想干什么"和"我能干什么"的有机结合。不同的职位有不同的要求，不同的人有不同的职业需求，职业对从业者的要求同求职者的能力相匹配才是最佳的职业选择，这种匹配可以从在校期间的职业生涯规划课程来进行探索，通过不断的调整自身的就业期望值，确立相适应的就业目标。

（二）把握机遇、理性选择

就业信息闭塞以及就业面单一是大学生就业难的一个重要原因，有鉴于此，高校毕业生应当要主动出击，随时通过相关的就业机构了解国家的就业动态，获取就业信息，同时还要关注国家最新的方针政策，及时把握机遇，利用国家的优惠政策打开自己成功就业的大门。针对于医学生而言，选择就业途径可以从以下几个方面入手。

1. 在农村、中小城市的卫生医疗机构就业　医学人才的培养成本较高且成才时间较长，医学类院校毕业生应该尽可能选择卫生医疗机构就业，相较于人才饱和的大医院，不妨去基层医疗卫生机构就业，就算医院小一点、收入低一些且困难较多，但只要能够符合社会发展需要，具有较好的发展前景，是可以将其作为自己实现职业理想的舞台的。

2. 在大中城市的社区医疗机构就业　发达地区的医疗服务体积较为完善，人们对于医疗卫生的需求不仅停留在疾病层面，保健、生活质量、身心健康、医疗环境以及便利程度也逐步得到关注。社区护理、家庭病房等现代化的医疗服务形式势必成为一种趋势，最终实现医疗进小区、进家庭，这就推动了社区医疗机构的发展。加之医疗分级制度的实施以及国家政策的倾斜，社区医疗机构的经济效益也是较为可观的。大中城市在不断完善社区医疗卫生机构的同时，必然会扩大这些机构对于医学人员的数量需求，因而就业压力不会像大医院那样激励，且医学生还会拥有较多的发展机会。

3. 在非公有制的卫生医疗机构就业　当前我国在不断扩大非公有制卫生医疗机构的规模，这是为了解决非营利性医疗机构提供卫生医疗公平的同时提升卫生医疗行业的效率问题。非公有制医疗机构可以充分发挥其市场反应能力，及时跟紧市场形势，提供更为便捷的服务。国家的政策支持推动了非公有制医疗机构就业市场的发展，为广大的医学院校毕业生提供了非常多的就业岗位。

4. 在可以发挥自己特长的相关行业就业　随着国家经济的发展，一些医学相关行业在不断地发展壮大，例如保险公司、药品生产和销售、医疗器械的生产和销售等。这些行业对于医学院校毕业生的需求量非常大，这也为毕业生就业提供了较为广阔的发展空间。医学类院校毕业生可以根据自己的特点选择适合自己的岗位，在工作中实现自己的人生价值。

5. 在合适的领域创业　在"大众创业、万众创新"的时代，就业不仅仅局限于寻求就业岗位。时代赋予大学生先进的思想和丰富的学识，国家推行的政策给予充分的支持，与其面对社会激烈的竞争四处碰壁，不如自主创业，寻求自己的发展空间。

6. 升学深造　国家对于医疗卫生人才的需求层次在逐步提升，未来高层次的医疗卫生人才是就业市场的抢手货，医学院校毕业生继续升学深造也是提升自身竞争力的有效途径。或者，出国留学深造，通过学习和借鉴国外的先进经验与知识，提升自身的能力，回国后为国家所用，利国利己。

（三）克服不足，提升内在

随着市场机制的深入，竞争意识冲击着各个行业，甚至是一个岗位也会存在着激烈的竞争。劳动者要在社会的优胜劣汰中脱颖而出，择优上岗，必须要不断提升自身的综合能力和职业素养。

1. 提高职业素养　高校毕业生的职业素养包括了两个方面，即"软素养"和"硬素养"。软素养包含思想道德素养、文化素养、心理素养、审美素养等方面内容，硬素养则是指职业技能素质。相较于普通高等学校而言，高职院校更重视学生职业技能素质的培养，把教学的重心放在实用性和操作技能的训练，满足社会对于技能型人才的需求。当然实践教学的同时还要重视学生软素养的培养，全面提升学生的就业竞争能力。

例如，医学类院校的毕业生，其应具备的专业素养应该包括坚定的政治信仰、良好的职业道德、夯实的医学专业知识、充沛的精力、较强的心理承受能力、较好的交流沟通能力以及服务意识等方面。政治信念能指引人的灵魂方向，树立政治信仰，才能顾全大局，爱国爱民；"大医精诚"是我国医学界的优秀传统，更要求医学院校毕业生具备良好的职业道德和扎实的医学专业知识。同时，日趋紧张的医患关系也要求医学生具备较强的心理承受能力以及良好的沟通能力，这样才能协调处理医生与病人、同事、社会之间的关系，推动自己的职业生涯和谐发展。

2. 培养敬业精神　敬业是一个人对自己所从事的工作及学习负责的态度。道德就是人们在不同的集体中，为了我们集体的利益而约定组成的，应该做什么和不应该做什么的行为规范。所以，敬业就是人们在某集体的工作及学习中，严格遵守职业道德的工作学习态度。

敬业精神是一种基于热爱基础上的对工作对事业全身心忘我投入的精神境界，其本质就是奉献的精神。具体地说，敬业精神就是在职业活动领域，树立主人翁责任感、事业心，追求崇高的职业理想；培养认真踏实、恪尽职守、精益求精的工作态度；力求干一行爱一行专一行,努力成为本行业的行家里手;摆脱单纯追求个人和小集团利益的狭隘眼界,具有积极向上的劳动态度和艰苦奋斗精神;保持高昂的工作热情和务实苦干精神,把对社会的奉献和付出看作无上光荣;自觉抵制腐朽思想的侵蚀,以正确的人生观和价值观指导和调控职业行为。

敬业精神要求劳动者有巩固的专业思想,热爱本职工作,忠于职守,持之以恒;有强烈的事业心,尽职尽责,全心全意为人民服务;有勤勉的工作态度,脚踏实地,无怨无悔;有旺盛的进取意识,不断创新,精益求精;有无私的奉献精神,公而忘私,忘我工作。

3. 提升身心素质 "身体是革命的本钱",良好的身心素质是大学生实现个人价值的重要保障。多数高职院校的学生因为很多不良的生活习惯影响着自己的身体健康,也不利于自己心理状态的调整。合理膳食、合理作息才能保证健康的身体,从而拥有健康的心理,实现自己的就业目标。

大学生保持良好的身心健康,不如从以下几方面入手。首先,树立明确的生活目标。斯大林说:"只有伟大的目标,才能产生伟大的毅力。"目标是灯塔,目标是旗帜,一个人如果没有生活的目标,就只能在人生的征途上徘徊,永远达不到理想的彼岸,生活就显得平庸、乏味、无聊,就可能滋生各种有害健康的恶习。人生在世,需要追求的东西很多,但由于受到生活环境层次、社会文化情景层次和个人实际条件等主、客观因素的限制,往往是"熊掌和鱼"不可兼得。其次,要学会凡事宽以待人,宽以待人,行善乐施不仅仅能美化人心,还能帮助人们抵抗生活带来的种种压力,提升幸福感。再次,要养成良好的生活习惯。《黄帝内经》指出:"上古之人,其知道者,法于阴阳,和于数术,食饮有节,起居有常,不妄劳作,故能形与神俱,而尽终其天年,度百岁乃去。"这里特别强调了饮食有节,起居有常,要求人们养成良好的生活习惯。良好生活习惯会使人终生受益,其中对健康的价值更是不可低估。最后,保持合理的营养构成,营养学家还指出在身体发育这一重要时期,保证糖、脂肪、蛋白质、矿物质、维生素和纤维素等基本营养的合理供给是十分重要的。合理的饮食应该是每餐八分饱,主、副食各占一半,主食宜粗细粮搭配;副食以1∶1∶3的比例为宜,即动物蛋白(禽、畜、鱼类等的肉、蛋、奶)1份,植物蛋白(黄豆及各种豆制品)1份,蔬菜、水果3份。此外,坚持运动,适当增加一些业余活动也是保持身心健康的有效手段。

> **思考与讨论**
> 1. 大学生的就业形势如何?
> 2. 国家为高校毕业生提供的就业政策有哪些?
> 3. 就业的心理准备包含哪几个方面?
> 4. 科学的就业观包括哪些方面?

(李 谭)

第 6 章 就业求职准备与面试技巧

在目前就业竞争压力较大的情况下，即将毕业的大学生，面临着全新的生活，有欣喜、有憧憬，也难免会有些许迷茫。第一次构想自己的求职信、第一次制作简历、第一次走进社会，太多的第一次，让初涉社会的大学生在对新生活满怀憧憬的同时，也面临着诸多挑战。就业信息繁杂，求职前需要做哪些准备？面试中有哪些方法和技巧？……这些都需要大学生理解、掌握，以便在求职中取得成功。本章重点学习求职技巧，提高"推销"自己的本领，助力找到一份适合的工作。

第 1 节 就业信息收集与求职简历的制作

● 案例 6-1

临近毕业，小肖身边的同学都在紧张地跑招聘会，参加各项招考笔试，找关系……而小肖却在寝室上网，认为通过网络"海投"，就可以找到工作。当身边同学纷纷拿到 offer 时，他却一无所获。心急如焚的他，找到就业指导老师，希望老师帮忙查找原因。老师看了他的求职信、简历，又查看了他发送的邮件记录，分析了他应聘的职位，并给予了关于简历的修改意见。最后，小肖及时作出调整，终于在校园宣讲会上成功地找到了工作。

请问：1. 求职要收集哪些信息？
　　　2. 怎么制作求职信和个人简历？

"工欲善其事，必先利其器。"在校期间，确定了自己的职业目标和规划后，收集适合自己的招聘信息，有针对性地制作个人简历，是大学生必须要做的准备，是实现理想就业的基础。

就业信息的收集

对面临求职择业的高校毕业生来说，最关心的莫过于能得到更多的就业信息。就业信息数量越多、质量越高，求职成功的把握性越大。而关注和收集就业信息，不应只局限于最后一学年，在整个大学学习期间都应该有意识地关注、收集。对自己在做职业生涯规划时已经了解到的宏观方面,例如行业是否景气、行业技术发展状况、行业前景、职业发展趋势及地区经济发展现状等信息应给予持续关注。如果这些方面有重大变化,要及时调整自己的职业规划。那么,就业信息究竟包括哪些内容?通过什么渠道去了解?收集的过程中应遵循什么样的原则?

(一)就业信息收集的内容

就业信息是指用人单位发布的、择业者未知的、经过加工处理后对择业者具有一定价值的客观存在的就业资料和情报。高校毕业生要成功地实现就业,不仅取决于个人的学业成绩、能力、综合素质及社会对人才的需求等因素,同时也与毕业生能否及时快捷地获取就业信息密切相关。

就业信息从内容上来划分可以分为宏观信息和微观信息。宏观信息包括就业政策与相关法律法规,微观信息主要是相关的招聘信息。

1. 收集就业政策与相关法律法规　高校毕业生在就业过程中必须要了解国家就业政策以及相关的就业法律法规。就业方针政策的掌握能让毕业生在求职创业过程中知晓自己的权利和优势,能利用政策给出的优惠来帮助自己求职或创业,有助于分析市场供需状况,做到心中有数。例如,2017年刚出台的《"十三五"促进就业规划》提出,进一步引导和鼓励高校毕业生到城乡基层、中西部地区、中小微企业就业,这对有志到基层建功立业的广大高校毕业生来说,是一项重大利好政策。

求职创业方面的法律法规是大学生保障自身合法权益的强有力手段。了解了《就业促进法》《劳动法》《劳动合同法》《劳动合同法实施条例》《社会保险法》《劳动争议调解仲裁法》等相关法律法规后,能够让学生在求职过程中快速准确地分辨信息的真伪,避免上当受骗。

2. 收集适合自己的招聘信息　招聘信息是招录单位利用各种传播工具发布人员招聘相关内容,鼓励和吸引人员参加应聘,是毕业生权衡是否参与应聘的关键信息。招聘信息主要包括单位全称、经济性质、隶属关系、地理位置、交通状况、职位名称、招聘人数、职责范围、职位要求、薪酬福利、文化氛围、发展前景、联系方式等内容。毕业生须结合单位需求和自身优势权衡各项要素,进而决定是否进一步加工招聘信息并要否做应聘准备。

> **链接**
>
> **用人单位的类型**
>
> 用人单位一般分为四个类型:企业单位、事业单位、党政机关、社会团体。
>
> 企业单位一般是自负盈亏的生产性单位。例如,医药公司、连锁超市等。所谓"自负盈亏"即自己承担亏损与盈利的后果,有一定的自主权。企业单位分为国企和私企。国企就是属国家所有的企业单位,私企就是属个人所有的企业单位。企业单位是以盈利为目的独立核算的法人或非法人单位,它的特点是自收自支,通过成本核算,进行盈亏配比,通过自身的盈利解决自身的人员供养,社会服务,创造财富价值。企业单位的登记在工商行政管理部门进行。企业单位与职工签订劳动合同,发生劳动争议后,企业单位进行劳动仲裁。
>
> 事业单位一般指以增进社会福利,满足社会文化、教育、科学、卫生等方面需要,提供各种社会服务为直接目的的社会组织。例如,医院、学校等。事业单位不以盈利为直接目的,其工作成果与价值不直接表现或主要不表现为可以估量的物质形态或货币形态。事业单位是相对于企业单位而言的,事业单位包括一些有公务员工作的单位,是国家机构的分支。

党政机关是指中央和地方的各级行政管理部门。它包括国家权力、行政、司法、军事等各方面的机关。例如，政府、人大、公安、检察院等。

社会团体简称社团，是由一定数量的社员（自然人或者法人）组成的，依法登记而成立的团体。社会团体是社会群众团体的一个分支。中国有全国性社会团体近2000个。其中使用行政编制或事业编制，由国家财政拨款的社会团体约200个。在这近200个团体中，全国总工会、共青团、全国妇联的政治地位特殊，社会影响广泛。还有17个社会团体的政治地位虽然不及上述三个社会团体，但也比较特殊。它们分别是：中国文联、中国科协、全国侨联、中国作协、中国法学会、对外友协、贸促会、中国残联、宋庆龄基金会、中国记协、全国台联、黄埔军校同学会、外交学会、中国红十字总会、中国职工思想政治工作研究会、欧美同学会、中华职业教育社。以上20个社会团体的主要任务、机构编制和领导职数由中央机构编制管理部门直接确定，它们虽然是非政府性的组织，但在很大程度上行使着部分政府职能。

毕业生可以通过招聘信息收集记录表（表6-1）将招聘信息进行记录和整理，随时随地都可进行，可操作性强。一方面，可按照一定的逻辑和规律对招聘信息进行分类整理，全面而不遗漏；另一方面，通过表格的形式展示，有助于毕业生进行对比分析，最终确定最有效的信息，做好充分准备。

表6-1　招聘信息收集记录表

序号	招聘单位全称	招聘岗位	招聘条件	工作地点	联系方式	信息来源	记录时间/报名时间

（二）就业信息收集的渠道

随着现代信息技术的不断发展，手机、电脑给人们的生活带来了巨大改变。当前，职场中供需双方的需求非常旺盛，随手打开报纸杂志、登录招聘网站、点击新闻链接就可以看到各行各业的最新就业岗位。就业信息通过各种途径广为传播，以吸引求职者。商业经济社会的一个特点就是人们价值观的多元化。在利益驱动下，招聘广告鱼龙混杂，真假难辨，良莠不齐。因此，涉世未深的高校毕业生在求职时一定要通过正规的信息收集途径。

1.通过网络获得信息　随着技术的发展，网络媒体以其信息量大、快捷方便、覆盖面广的特点，在信息提供方面日益扮演着重要的角色，也成为大学生就业信息来源的主要渠道。

据不完全统计，目前全国各类人才信息网将近2500个，许多大中城市已基本实现网上求职、网上招聘。除了学校自建的就业指导网站提供的大量高质量的信息外，大学生利用网络收集就业信息主要有四种方法：一是从专业的求职网站上查找信息。其中既包括由政府权威机构创办的网站，例如"各地区人力资源与社会保障网"，公务员、事业单位的招录及考试信息均可在相应的板块查询。又包括市场化的各类招聘网站，比如"前程无忧""中华英才网"等。毕业生注册登录后，即可根据自己的需求，使用职位搜索引擎或订阅免费招聘信息，填写个人资料后就可以直接外发简历。二是从各大搜索引擎上查找就业信息。大家不妨使用百度、搜狗等搜索引擎。搜索查询比较简便，仅需输入关键词并敲一下回车键，即可获得相关信息。假如查询结果条目太多，需要缩小搜索范围，简单方法就是添加搜索词，且各搜索词间用空格分开，又或者在结果中输入第二个关键词进一步搜索。此外，利用搜索引擎可以查阅到几乎所有就业指导网站。三是门户网站招聘专区或用人单位网页招聘通告。例如搜狐、21世纪、新浪网的招聘频道，阿里巴巴网也常提供招聘信息。许多大企业如IBM、通用、微软、松下、宝洁、移动、联通等公司，也是直接在公司网站发布招聘信息，要求求职者必须登录注册填写中英文简历。求职者通过这种方式，可以进一步了解企业文化和内部管理。四是各类求职QQ群、MSN、泡泡等聊天软件和论坛。这些一般都是求职者群体建立起来的，其目的在于信息资源共享。求职者可以适当挑选加入，不仅可以获得大量就业信息，也可以获得成功就业人士传授的就业经验、面试经验、考试经验等信息。这种方式的最大优点在于就业信息资源的共享，值得推荐。

网络是当前大学生收集就业信息的首选渠道，网上求职以其开放、全面、快捷、节约的特点而广受欢迎，并由此逐具规模。不足之处是网上常夹杂着虚假或过时的信息，要注意避免招聘信息陷阱。

2. 通过学校就业部门获得信息　学校就业主管部门分别为：一是学校的就业指导机构。为了组织协调毕业生的就业指导工作，学校就业指导机构会通过各类信息载体如校内就业网站、职业网络教育系统、就业指导刊物等及时发布国家、省、市有关就业政策与形势、就业法规信息、行业信息、用人信息、招聘活动信息、就业讲座等一系列最新动态。到校园招聘的企业也通常会把用人信息发布在校内的就业网或BBS上，这类企业发布的招聘信息针对性比较强。为此，随时浏览校内的招聘信息是首要的选择。建议求职者列出一份高校就业指导网的清单，筛选出与自己有同类专业的院校，及时跟踪。二是校内各学院（专业）学生工作办公室。为了提高就业率，学生工作办公室常常通过校友等各种社会关系资源，积极主动提供对口的就业信息给本学院（专业）毕业生。

通过学校主管部门收集就业信息，特点是及时、准确、可靠、针对性强，是毕业生收集就业信息的主渠道。不足之处是僧多粥少，竞争比较激烈。

3. 通过各种招聘会获得信息　对于求职的毕业生来说，招聘会在类别上主要有综合类和专场类两种，在地理位置上有校内和校外两种。大型招聘会一般由多家区域性强的人才机构或高校联合举办。例如，2017年重庆"千企万人"大型招聘会，富士康、力帆集团、长安跨越、欢乐谷、仁宝电脑等上千家企业携带2万余岗位进场招聘。大型招聘会在特定时间集中了有明确招聘意向的用人单位与毕业生"供需见面"。毕业生可选择的机会比较多，供需双方面对面交谈的机会更多。但往往大型招聘会都是综合类招聘会，专业类别较多，这就需要毕业生提前做好功课，有针对性地进行信息的收集。

小型或专场招聘会是某专业领域或某个单位举办的招聘会。例如，某电子工程学校举办的校内招聘会，主要邀请了电子工程类单位，专业针对性强，这就弥补了大型招聘会的不足，使毕业生和用人单位有足够的时间进行充分了解，成功率也相对较高。

4. 通过人才中介机构获得信息　人才中介机构提供的就业信息多数是面向有经验的工作者，但仍不失为毕业生收集就业信息的补充渠道。目前国内，省、市、区相继建立了劳务市场或人才交流中心，主要业务是办理人才交流登记、户籍档案挂靠，为用人单位招聘人才，为求职者做好中介服务，从而赚取服务费。人才中介机构的就业信息量大、复杂多样，毕业生一时难以筛选，往往委托中介机构帮忙提供就业信息，这虽然很便捷，但是求职成本最高、投诉最多、成功率相当低。因此，选择人才中介机构收集就业信息一定要谨慎，要选择实力好、声誉好、效率高、专业性强，得到有关部门许可从事中介服务的机构。

5. 通过社会关系获得信息　家人、亲戚、校友、同学、老师是最主要的人际关系网，也是毕业生获取就业信息最直接、最方便可信、成功率较高的渠道。

6. 通过社会实习实践获得信息　教学实习、社会实践、参观调查等不仅能巩固毕业生所学知识，更加深了对职业及用人单位的了解，还可以第一时间获得用人单位的需求信息。

7. 通过媒体获得信息　报纸、广播、电视、杂志等大众媒体是收集就业信息的传统渠道，一般都会定期或不定期发布招聘信息，便捷、传播范围广、速度快、信息量大、省钱省时、选择机会多是其特点，毕业生通过这些媒介，可以很容易就掌握大量就业信息。

（三）就业信息收集的原则

1. 真实性　就业信息收集的前提条件，即要求收集的信息反映的情况必须真实可信。在网络信息技术不断发展的今天，毕业生可以通过各种渠道收集到种类繁多、良莠不齐的就业信息，而有的或夸大宣传，有的或涉嫌经济诈骗。这就需要毕业生在收集信息的过程中注意甄别信息的真伪。

2. 针对性　要求求职者首先必须对自己的职业生涯有一个初步的规划，在此基础上再去收集有关的就业信息，要求小放大，避免打游击战，集中力量向制定的目标前进。

3. 计划性　信息收集是一个持续、系统的工作，因此求职者要制订计划并有效实施。这样才能到有的放矢，有始有终。

4. 价值性　要求求职者要根据信息的时间维度、内容维度、形式维度来综合衡量就业信息的价值，最终筛选出对自己最有价值的信息。

二、求职简历的制作

求职简历是获得面试机会的敲门砖，是毕业生推销自我的个性化广告，是在用人单位树立第一印象的关键材料，所以求职简历的质量会在一定程度上影响求职的结果。

（一）求职简历的构成与基本要求

求职简历主要由封面、求职信、个人简历与附件部分组成。

1. 封面　一般来说，对于邮件简历或电子简历来说封面是多余的。但招聘会、面试等场合下，简历封面就像是一本书的封皮，是不可或缺的。一般封面上应简洁明了地写上你的姓名、毕业学校、毕业时间、所学专业名称、就业意向、联系方式就可以了。但如果应聘的是类似于艺术设计行业的工作，那么就算仅仅是这几个要素，如何组合且怎样安排这几个要素在封面上，很能体现求职者自身的艺术观念和修养。因此，我们不可小看简历的封面，尤其不能出现千篇一律的封面。

作为外在形式，简历封面就是一个人的门面，就是一个人的脸面，它折射出一个人的喜好和素养。优秀的简历封面会带给求职人很大的自信心。设计简历封面，最重要的就是要能吸引面试官们继续翻阅下去，简单明了而不乏自身特点和审美是关键。

2. 求职信　应当是发给你要面试的那个公司或者机构的，这意味着你要提及该公司的这个岗位，为什么你要应聘这个职位，你具备该岗位要求的何种知识技能和经验。这样有的放矢会令你的成功率大大提升。

好的求职信在撰写过程中应符合以下要求：一是根据求职岗位调整内容。求职信切忌千篇一律，在众多的求职简历中有针对性的求职信会给求职者加分不少。二是写具体事例或量化描述。用具体事例或数字来描述自己做过什么，会什么，优势是什么，而不是"我学习能力很强""我很能吃苦"这样的写法。三是重点突出，篇幅简短。尽量用简洁直白的句子突出自己应聘该岗位的优势，切忌全面铺开、篇幅过长。四是文面整洁，编排合理。不能出现格式、文字、语句的错漏，排版一般不超过1页纸，放在个人简历之前。

求职信格式并不固定，一般由标题、称谓、正文、署名、日期组成。标题是求职信的眉目，居中写"求职信"。换行顶格是称谓，称谓写给用人单位人事部门或负责人，如"尊敬的××公司人事部"。正文是核心部分。第一段应该能够引起招聘人员对候选人的兴趣，并激发阅读者的热情，使其了解为什么要读这封信，你能够为他做什么。第二段必须推销你的价值，准确描述你那些能够满足阅读者需要和工作要求的技能、能力、资质。第三段展示你突出的成就、成果和教育背景，它们必须能够直接有力地支持第二段的内容。如果可能的话，量化这些成就。第四段必须为将来的行动做铺垫，请求安排面试，或者告诉阅读者你将在一周内打电话给他们，商谈下一步进程。第五段应该是非常简短的一段，结束这封信并表示感谢。署上求职者的姓名和日期。

> **链接**
>
> ### 求职信样例
>
> ### 求 职 信
>
> 尊敬的××医院领导：
>
> 　　您好！
> 　　首先，感谢您在百忙之中抽空垂阅我的求职信，为一位满腔热情的大学生开启了一扇希望之门。
> 　　我是××医药高等专科学校××级康复治疗技术专业的一名应届毕业生。怀着对医学事业的憧憬与向往，通过两年的理论学习和一年的临床实践，我已具备了扎实的专业理论知识，掌握了较强的实践操作能力，并有较好的耐心，我相信我能胜任贵院的有关康复方面的工作，所以特向贵院毛遂自荐。
> 　　在大学校园里的两年，我担任过社团部创业社副社长，带领我的社员们参加过大学生自主创业，开展过勤工俭学活动，锻炼了我的组织能力，使我意识到了作为一个领导者的责任与义务。加入过"白求恩"便民医疗服务队，到各处敬老院、学校、单位进行过义诊活动，既积累了我的实践经验，又让我学有所用，使我认识到了一个医学工作者的重要性。实习期间，我能够将所学的理论知识与临床实践相结合，积极思考，积极动手实践，加深了对疾病的认识和理解，培养了良好的临床思维方式，使我熟练掌握了康复方面的基本诊疗技术，对各种需要康复的病症能作出正确的诊断和处理。
> 　　知识在不断地更新，追求知识是我不变的人生信条。我坚信：贵院所需要的，正是复合型、创造型的人才，而我，正坚定不移地向这个方向努力着。
> 　　通过三年的学习和实践，我已做好了走向社会的准备，我真诚的希望能加入贵院成为你们的一员。成就我的梦想，我将以高尚的医德、热情的服务，倾我所能，不断学习我所不能，为贵院的医疗发展事业贡献一份力量。
> 　　此致
> 敬礼！
>
> 求职人：××
20××年×月×日

3. 个人简历　是对自己生活、学习、工作经历、成绩的简要介绍。个人简历的目的就是让用人单位了解自己，从而为自己创造面试的机会。个人简历一般很少单独寄出，它总是作为求职信的附件，呈送给用人单位。

（1）个人简历的基本内容：标准的求职简历主要由八项基本内容组成。

1）个人概况：姓名、性别、出生日期、民族、婚姻状况和联系方式等。

2）求职意向：表达自己愿意从事的职业和可以胜任的工作。

3）教育背景：按时间顺序列出初中至最高学历的学校、专业和主要课程，所参加的各种专业知识和技能培训。

4）工作/实践经历：按时间顺序列出参加工作（实习）至今所有的就业（实习）记录，包括公司/单位名称、职务、就任及离任时间。应该突出所任每个职位的职责、工作性质和个人业绩等。

5）学生工作：介绍自己在校期间所担任的学生干部工作，包括职务、工作内容及绩效等。

6）所获奖项：三好学生、优秀学生、优秀学生干部、专项奖学金等。

7）其他：个人特长及爱好、其他技能、专业团体、著述和证明人等。

8）联系方式：包括手机、E-mail 地址、通信地址、邮编等。

（2）个人简历的主要形式。

1）完全表格式个人简历：完全表格式简历综述了多项资料，易于阅读。这一格式通常适用于年轻、缺乏工作经历但具有各种诸如所学课程、课外活动、业余爱好和临时工作等资格的求职应征者。资历低浅的应征者必须表现各种不同的资料，因为他们的资历很少需要分析和说明。

2）半文章式个人简历：这种格式使用较少的资料表格设计，而使用几项长资料的记载，表格的数量和文字记载的长度可以变化以适应求职者的长处。求职者在简历中介绍的详述资料的数量随经历而变化。年长和资历丰富的应征者也许会发现半文章式简历更有利，因为详述的资料比高度表格化的资料占据更多的篇幅，而太多的详述反而会影响履历的目的。

3）提要式（节略式）个人简历：提要式简历是一种摘要的摘要，它总是在完成了一份较长的简历后才摘编而成的。经历很丰富的求职应征者先写一份完整的简历（如 2 ~ 3 页）来概括自己的资历，然后从完整的简历中摘出资历的要点。这种提要式或节略式的简历便成了其基本的一般接触用的简历，而详细的简历只有在雇主要求时才提交出去。

4）小册子式个人简历：小册子式简历是一种多页的、半文章式的活页格式简历。这种简历可以有 4 页、8 页甚至 12 页。它的主要优点有两个：一方面，它提供了一种可表述更多资料的便利工具。另一方面，在小册子简历的封面上容纳了一份分别打印、专门设计的求职信。小册子简历也有些值得注意的缺点，它需要很多专门的技能去撰写、设计。

5）按年月顺序（时间顺序）式个人简历：有些简历通过按时间顺序排列资料及突出日期来强调时间。时间顺序通常是与中国人的习惯倒过来的，即从最近的时间开始往前推。例如，在工作经历一栏下，按时间顺序的简历从最近的工作开始，然后是这最近工作的前面一个工作，再是再前面的工作。在教育栏下，按时间顺序式的简历也是如此，倒推排列。按年月顺序式的简历可以是完全表格式的履历，或是半文章式的简历，也可是创造式的简历。这种简历有一个很大的优点，即未来的雇主们比较喜欢。但这种顺序也并不一定对应征者有利，尤其是他最近的工作并不是给人印象最深刻的工作时。

6）功能式个人简历：有些简历只强调工作的种类（功能），而不含有任何特别的时间顺序。功能式简历的主要优点是突出实际的成就。如果你的职业进展已经有了进步，并且你想找的工作和你已取得成就的工作种类一样，则可用功能式的表述方法。

7）创造式个人简历：艺术界、广告宣传界和其它创造性领域里的求职应征者在准备简历时往往会打破传统的简历格式。当创造式简历寄给其他创造性的人们时，这种简历是有利的，它证明了应征者富有的创造性并提供了一种创造性想象力的例子。创造式简历必须运用想象力，但也必须向读者提供他需要的内容。创造性简历只能用于创造性行业，一般要避免在银行业、商业、交通运输业和制造业运用创造式简历。

（3）专家支招：个人简历在撰写过程中一定要注意以下几点。

1）简短：个人简历要注意"简"，因为招聘者没有时间也不愿意花太多的时间阅读一篇冗长空洞的个人简历。个人简历内容长度最好在1页纸之内，一般不要超过2页。

2）重点突出：它不是个人自传，与申请的工作无关的事情要尽量不写，而对申请的工作有意义的经历和经验绝不能漏掉，从用人单位的角度出发抓住关键词，尽量用量化的方式去描述，要保证简历会使招聘者在30秒之内，即可判断出投递者的价值，并且决定是否进入下一步招聘流程。

3）避免错误：面试官常常总是能很吃惊地一眼就看到一份个人简历中出现印刷错误、语法错误及标点符号错误。千万别出这样的错误。如果有必要的话，找个擅长校对的人，让他检查一下，然后，自己再检查一遍。

4）合理设计：你一定知道，个人简历的总体形象将会影响招聘者对你的看法。你写的个人简历是否布局合理？是否干净利索而且看上去很专业？它是否充分利用了整张纸？

5）杜绝雷同：现在个人简历模板和套用格式在网上可以搜索出很多，很多毕业生为了方便省事，直接把别人的简历拿过来，套个格式，改改内容就搞定了。这样的简历多了，让招聘者很是为难，看不出大家有什么不同，怎么选择呢？往往是被批量淘汰。

4.附件 求职简历除了准备好求职信和个人简历，还要针对求职时用人单位对岗位的要求，准备一些必要的复印件作为附件，一般包括：毕业证书、职业资格证书、获奖证书、成绩单、发表的文章或有分量的报告、社会实践和实习鉴定、学校推荐表或其他推荐信。其中的关键附件是获奖证书和职业资格证书。

（二）求职简历制作的基本原则

求职简历是用人单位对应聘者的第一印象，直接决定着是否对应聘者面试或进一步了解。在制作简历的过程中应遵循以下基本原则：

1.针对性 企业对不同岗位的职业技能与素质需求各不一样。因此，建议在撰写时最好能先确定求职方向，然后根据招聘企业的特点及职位要求进行量身定制，从而制作出一份针对性较强的简历，忌一份简历"行走江湖"。

2.真实性 简历是给用人单位的第一张"名片"，不可以撒谎，更不可以掺假，但可以进行适度优化处理。优化不等于掺假，即可以选择把强项进行突出，将弱势进行忽略。比如一个应届毕业大学生，可以重点突出在校时的学生会工作和实习、志愿者、支教等工作经历，不单单是陈述这些经历本身，更重要的是提炼出自己从中得到了什么具有价值的经验，而这些收获能在今后持续发挥效用。如此一来，招聘人员便不会以"应届生没有工作经验"为由而拒你于千里之外了。

3.价值性 因为简历的篇幅限制，所以要做好筛选和甄别工作，站在用人单位的角度，把最有价值的内容放在简历中，无关痛痒的不需要浪费篇幅，使用语言讲究平实、客观和精练。简历中尽量提供能够证明自己工作业绩的量化数据，比如拓展了多少个新的市场客户，年销售业绩达到多少万元，每年发表学术论文多少篇等。最好还可以提供能够提高职业含金量的成功经历，比如完成了一个很难的项目，拿下了一个很大的客户等。对于自己独有的经历一定要突出表述，比如在著名公司工作、参加著名培训、与著名人物接触等经历都可以重点展示。

第2节 面试的策略与技巧

● 案例 6-2

有家招聘管理人才的公司，对一群应聘者进行复试，尽管应聘者都很自信地回答了考官的提问，但结果却都未被录用，只得怏怏离去。这时有一位应聘者走进房门后，发现地上有个纸团。地毯很干净，和那个纸团很不协调，这位应聘者弯下腰捡起了纸团，准备扔进纸篓。这时面试考官说话了："朋友，请看看你手中的纸团吧！"这位应聘者迟疑地打开纸团，只见上面写着："热烈欢迎到我公司任职"。

请问：这个小故事给我们什么启示呢？

面试是毕业生在找工作时面临的一个重要环节，是一种综合性极强，集多种知识、能力于一体的多方面考核方式，是对自己多年的学习、实践成果的一次检验。做好求职面试的相关准备，学习和掌握面试的策略和技巧，对于毕业生成功求职是非常重要的。

  面试的准备

（一）了解面试的目的和形式

1. 面试的目的　一般来讲，用人单位通过对应聘者的面试，从而了解应聘者的动机和工作期望，考察应聘者的仪表、性格、知识、能力、经验等。

2. 面试的形式　面试的形式大致划分有问题式面试、压力式面试、随意式面试、情景式面试等，在实际的面试中可能是采取一种也可能是采取几种面试方式。

> **链接**
>
> 问题式面试：由招聘者按照事先拟好的提纲对求职者进行发问，请予回答。其目的在于观察求职者在特殊环境中的表现，考核其知识与业务，判断其解决问题的能力，从而获得关于求职者的第一手资料。
>
> 压力式面试：由招聘者有意识地对求职者施加压力，就某一问题或某一事件连串的发问，且追根问底，直至无以对答。从而观察求职者在特殊压力下的反应、思维敏捷程度及应变能力。
>
> 随意式面试：由招聘者与求职者随意进行交谈，各抒己见，从交谈中观察应试者的谈吐、知识、能力、气质和风度，对其做全方位的综合素质的考察。
>
> 情景式面试：由招聘者事先拟定一个情景，提出一个问题或一项计划，请求职者进入角色模拟完成，从而考核其分析问题、解决问题的能力。

（二）了解用人单位

1. 了解用人单位基本情况 作为面试求职的人员，要对面试单位所在的行业有一些基本的了解。例如，业界老大概况、业界走向、单位近期的情况、相关经典故事和焦点等，容易和面试官有共同话题。另外，对面试单位也要有基本的了解。例如，单位的历史、文化、近年的发展情况等。这样能够较好地体现应聘者的诚意，说明应聘者是认真研究过的，对应聘岗位有着较高的热情。

2. 了解用人单位常见用人心理 广大毕业生在求职时，应学会揣摩用人单位的求才心理，做到有的放矢地去求职。从心理学角度分析，目前社会上用人单位招聘人才有以下面试中常见的用人心理。

第一，求"专"心理。专业对口是用人单位录用人才的首要标准，所以毕业生求职首先应找专业对口的单位。要学会包装自己、展示自己，要突出自己对这门专业掌握的精深程度。对这样的人才用人单位心理上是会优先考虑的。

第二，求"全"心理。要求毕业生一专多能、多专多能是用人单位的重要标准。目前社会上风行的考证热，实际上就是这种要求的反映。证多不压人，在求职时，毕业生应突出各种证书的地位和作用，以体现自己知识面宽广、自学能力强、有经验积累等优势，以契合用人单位的求全心理。

第三，求"通"心理。求通心理是近几年众多用人单位对人才的强烈要求。毕业生若能在某一专业相当精通，又能在相关领域大显身手，当然受欢迎。如IT专业知识不错，外语又是六级以上水平；熟知本国法律，对发达国家的相关法律又能精通的复合型通才。这都是目前职介市场上最抢眼的、最抢手的人才。

第四，求"变"、求"异"心理。求变是指用人单位，面对瞬息万变的社会对人才所作出的要求。要求求职者心理素质好、应变能力强，对于不断变化的情况，能及时调整心态积极应变。

全球著名公司普华永道每次招聘面试时，都有一个保留项目，让求职者根据所抽到的题目关键词画一幅画。关键词涉及如美国总统选举、网络等，求职者必须利用这些内容，发挥自己的想象力和变通能力。这种测试用以检验求职者的应变能力。一些单位尤其是公司，喜欢选择一些突发奇想、富有创造力的求职者，这样才能在险象环生的商场中出奇制胜。有一名毕业生在一家大公司的面试时遇到1+1K等于几的问题，这名平时喜欢创新的大学生，思考一番，突发奇想，脱口而出，"1+1K你想它等于几，加以努力，就等于几。"结果这名求职者在数千名的高手中脱颖而出。

请问：应聘者能够胜出的原因有哪些？

上面这些面试中常见的用人心理，都是我们在面试中常见的面试心理。熟知这些心理有助于我们更好地通过面试。

（三）掌握面试竞聘的原则

面对复杂多变的面试场景和众多的竞争对手，要使自己获得成功，就必须掌握面试的基本原则，让自己能够脱颖而出。

1. 实事求是的原则 实事求是是指在面试中面试者的材料切忌虚假包装，回答问题要从本人的实际情况出发，正确对待面试官的发问。要大胆沉稳、谦逊诚恳，切忌夸夸其谈、言过其实；不能回避问题，默不作声。没有把握的问题可以做简略的回答或致歉不答，但绝不能置之不理。

2. 随机应变的原则　面试的内容和环境变化很大，应聘者如果不能灵活面对各种变化的场景、条件，一味地生搬硬套就会适得其反。面对面试官有意设置的障碍，应聘者应该运用自己已有的知识，机智果断地做出决策，灵活发挥，从而掌握面试的主动权。

3. 积极主动、乐观自信原则　在面试中要积极主动，要有信心和表现欲，要敢于争取，不怕失败，要显示出自己在工作和学习中能够很快适应工作，创造成绩的信心。

4. 凸显优势的原则　每个人在面试时都有自己的优势和劣势。要合理的避开劣势，强化自己的优势。如果不能避开劣势就弱化劣势。

（四）做好面试前的心理准备

应聘者是在通过竞争谋求职业，成功的关键在于自己的才能以及临场发挥情况。面对严峻的就业形势，面对众多的竞争对手，要想获得择业的成功，没有充分的心理准备，没有良好的竞技状态是不行的。毕业生面试前的心理问题如下。

（1）常见的心理障碍：面对严峻的就业形势，面对强手如林的竞争，要想顺利觅到理想的职业，必须做好择业前的心理准备，排除心理干扰，克服以下心理障碍。

第一，盲目自信的心理。即不能正确地认识主观与客观的现实，错误地拔高自己的实际能力，目空一切。如有的学生认为自己具备很多优势：学习成绩优秀、政治条件好、学校牌子亮、专业需求旺、求职门路广等等，因而盲目地乐观，把择业目标定得很高，认为自己适应所有的应聘工作，结果屡屡受挫。此种失败源于其不能摆正自己的位置，对自己的劣势和困难估计不足。

● 案例 6-4

一位毕业生到杂志社应聘编辑职位。他在出示自己发表过的作品后，又说自己擅长策划，有领导才能，是做编辑部主任的最佳人选，并将该杂志社现在的办刊方式进行了一番批驳。然而他不清楚的是负责招聘的正是编辑部主任。显然，这位毕业生在第一关就被刷掉了。

请问：通过这个案例，我们能得到什么启示呢？

第二，自卑畏怯的心理。由于他人不客观评价的无形压力，以及对自己缺乏信心，导致了自卑心理的产生。如有的学生，尽管具备一定的实力和优势，但对自己的评价总是过于保守，面对激烈的竞争，总觉得自己哪都不如别人，因而丧失竞争的勇气，习惯于临阵退缩，放弃了许多很好的机会。

第三，急功近利的心理。择业时过分看重经济、地位等，追逐功利，一心只想到挣钱多、待遇好的单位，甚至为了暂时的功利宁可抛弃所学的专业。这种心理虽然能够使个体得到一些眼前的利益，但从长远的发展来看，却是不明智的，因为贪图优裕和享乐而放弃事业，终究是要为此付出代价的。

第四，患得患失的心理。很多学生在选择职业时，没有明确的方向，不现实地期盼"鱼和熊掌兼得"，或是这山望着那山高。因而，在择业过程中，常常会出现心理矛盾和冲突，也常常由于软弱和犹疑，不能果断地选择，结果错失良机，令自己处于被动。

第五，一味依赖的心理。这种依赖心理表现为盲目随大流，缺乏独立见解，依赖政策和他人的帮助，在择业时无主见，消极等待，坐等家长和学校给自己落实单位。

第六，怀才不遇的心理。由于自视过高，而在现实的择业过程中却处处碰壁，于是产生怨天尤人的心理，从而使身心愈加疲惫。因此，走出此误区的方法只能是学会正视自己。

（2）缓解心理障碍的方法：求职就业不仅是对毕业生能力的考查，也是对择业者心理素质的一大考验。那么，如何增强毕业生求职的心理承受能力呢？

首先，要正确对待面试中遇到的失利。在求职竞争日趋激烈的今天，就业形势不容乐观，在求职中遇到挫折和困难是正常现象，暂时的挫折并不是人生的"滑铁卢"，更不是人生的败笔。因此，对于求职的暂时困难，大学毕业生应该正确对待，善于总结，不要耿耿于怀，更不要感到心理压抑或者不平衡。

其次，要以务实的态度应对面试。处理好就业理想与就业现实的关系，以务实的态度对待职业的选择。因此，毕业生要认清就业的形势，正确合理地评价自己的才能，不要孤芳自赏，这样就不会面临求职的巨大压力。如果暂时找不到十分理想的职业，不妨先就业再择业，先解决生存问题，等积累了工作经验或时机成熟时，再找一个更适合于自己的工作。

最后，不要盲目与人攀比。在求职中，人与人之间，由于许多复杂的主客观因素的存在，有许多东西是不可比也无法去比的，比来比去，除了增加个人的烦恼，对求职无什么帮助，无任何实际意义。

面试的礼仪

面试礼仪的具体内容，主要包括仪表仪态与行为举止两方面。仪表仪态，主要包括仪容、着装和仪态三部分；而行为举止，主要包括姿态、动作和流程三部分。总的来说，前者主要是从静态来观察考生的形象仪态，后者从动态来考察学生的举止和礼仪。

（一）仪表仪态

1.仪容　发型能最直接的反映应聘者的精神面貌，也能看出考生的品位和对细节的关注程度。男生的发型，一般要求干净利落、整洁自然，不宜过长，但最好也不要剃光头，基本的要求是"前发不覆额、侧发不掩耳、后发不过领"。女生总的发型要求清爽利落、美观大方，不要披头散发、发饰过多。

2.着装　面试时，以适宜的穿着得到主考官对自己品位和能力的肯定，是十分重要的。同时，这也是一种礼貌行为。应聘者的着装总体要求是要通过衣着体现出应聘者端庄得体、干练精明、朴素大方、温文尔雅的特点。

（1）整洁原则：无论如何，招聘者不会将一个不修边幅、邋遢不洁的应聘者作为首选。整洁意味着你重视这份工作，重视这个单位，也重视你今后代表的单位形象。整洁并不要求过分的花费，却能赢得招聘者的好感。因此，一定要挑选洗得干净、熨烫平整的衣服。

（2）简单大方原则：着装打扮要与年龄、身份、个性相协调，与应聘的职业岗位相一致。对于男生，所选衣服不要标新立异，穿西服加领带最为适合；对于女生，服饰不要讲究华丽、追逐时髦，要追求朴实、大方、明快的风格。样式要简洁，不应有太多的修饰。宜穿套裙或套装，给人一种文雅、端庄的感觉。如你穿着闪亮的彩色T恤和拖地的扎染牛仔裤去应聘一份管理工作，也许你的能力真的适合，但服饰却让招聘者在心里打上了大大的问号，成功的希望也就很渺茫了。总之，着装要协调，并与所申请的职位相符。

（3）三色原则：西服套装、衬衫、领带、腰带、鞋袜等在内的一切服饰不应超过三种颜色，否则会在视线上形成杂乱无章之感。一般来讲，男生要黑色皮鞋，袜子尽可能不选浅色或白色。

女性在面试中不能穿凉鞋、凉拖等前漏脚趾后漏脚跟的鞋。

3.仪态

（1）表情：在面试时，考生的表情应该从容、镇定、自信，目光坚定，表情自然，不慌不忙不急不躁，体现出应有的气度与风貌。答题时要做到表情自然切忌僵硬死板、面无表情。笑是面部表情的一种，它是考生在面试考场除口头表达外的另一种语言。考生从进入考场那一刻起，要懂得适时微笑。

（2）目光：考生在答题时，应注意与考官的眼神交流。考生在面试时要正视主考官，还要环视其他考官。切忌低头注视地板或天花板，或者眼神游移不定。

（二）行为举止

"行如风、站如松、坐如钟"是对人体姿态审美标准的最好概括。行姿的基本要求是"安静、稳定、合礼"。人走路的姿态能反映出一个人的个性、情绪及修养等个人特征，应聘者要想塑造良好的形象就不能不注意走姿。一般来讲，男性应步伐雄健有力，走平行线，显示豪迈潇洒；女性应该步履轻捷。站姿应站立端正、双腿稍分、双腿安稳，避免散漫，切忌将双手叉腰、放进裤袋或抱在胸前，不要东倒西歪、左摇右晃、耸肩勾背。坐姿要稳重、静态、直挺和端正。应聘者的手势应当合乎规范，一般尽量少用手势，必要用时动作不宜过大。不得用手抓挠身体的任何部位，避免出现拉衣袖、抓头发、挠耳朵、玩饰物、揉眼睛、不停抬腕看表等动作。

（三）语言表达

面试时，声音要洪亮、语速要适中，掌握好说话的节奏，不急不慌、边想边说，注意抑扬顿挫。面试时文明礼貌是对别人的尊重，也是引起别人重视的第一印象。在语言上，更多地使用"您、请、谢谢、对不起、打扰了、再见"等礼貌用语是有好处的。彬彬有礼还体现在态度上，俗话说："礼多人不怪"，这句话特别适用于陌生的面试场合，因为你不知道面试者的喜好，只有有礼有节，才能避免让对方产生误会或不满，从而直接影响面试结果。值得一提的是，任何人都可能影响到自己的求职结果，千万不要以自己的喜好区别对待应聘单位里任何一个不起眼的角色。

（四）面试礼仪中的常见问题

第一，就座问题。到应聘场后，行动要按照招聘人员的指示来做，不要过于拘谨或过于谦让。如果他示意你坐下，你就不要说"您先坐、我再坐"之类的客套话，应报以微笑后坐下。出门送客时，一般应该让女士先走，但面试你的人如果是一位女经理，这时你千万别执意让她先行，如果一定要让，最多简单地让一下就行了。应客随主便，恭敬不如从命。

第二，一些小细节。进屋后，招聘人员问"你喝什么？"或提出其他选择时，你一定要明确地回答，这样会显得有主见。最忌讳的说法是："随便，您决定吧。"这样说不外乎三个原因：一是语言习惯；二是出于你的好心，希望就着人家的方便；三是受传统的影响，觉得到别人那里喝什么、吃什么是别人赐予的东西，不应该大言不惭地直接要求。其实，招聘人员给你的东西都是公司准备的，大可不必不好意思，大公司最不喜欢没有主见的人，这种没主见的人在将来的合作中可能会给大家带来麻烦，浪费时间，降低效率。

第三，约定时间。如果要约定下一次见面的时间，有两种极端的做法一定要避免：一是太随和，说任何时间都行，这样会显得自己很无所事事；二是很快就说出一个时间，不加考虑。较得体的做法是：稍微想一下，然后建议一两个变通的时间，不要定死，而是供人选择，这样相互留有余地。即使手头有较多可用的时间，也别统统说出来，以免显得啰唆。

第四，保持自然，不可客套话太多，也不能过于随便。

三 面试的常见问题与技巧

（一）面试常见的问题

1. 询问个人的基本信息。

（1）简要介绍你自己。例如，介绍学术背景（学校、专业）、工作经历（实习、学生工作、公益事业等）、兴趣爱好、性格特点等。

（2）谈谈自己的优缺点。

● 案例 6-5

面试考官："请谈谈你的弱点？"应聘者："我的记忆力不是很好，尤其是记人名的能力比较差。为此，我买了一个具有一定PDA的功能手机，基本可以保证结交新朋友的时候不忘记别人的名字。"此案例应聘者指出了自身弱点，做了相应弥补措施，讲明了成效，是一个较成功的回答。

请问：结合案例，分析如何更好地推荐自己？

2. 询问关于职业规划和选择的问题。

例如，你为什么对这份工作感兴趣；你对于短期的和长期的目标规划是什么；凭什么从众多的应聘者中选中你；大学生缺乏实际工作经验，谈谈你如何能够胜任你所报考的职位；如果你被录用，到新单位后准备如何开展工作。

3. 综合考察职业素质。

例如，请举例说明体现你团队合作的例子；你经历过的最大挑战是什么，你如何跨越它的；请举个能证明你领导能力的例子。

4. 考察分析处理问题的能力。

例如，有人说，"一个篱笆三根桩，一个好汉三个帮"，也有人说，"成功要靠个人努力"，谈谈你的看法；马云说："一个当不好士兵的将军一定不是好士兵"，谈谈你对此的理解；一架飞机载乘客由北京飞往昆明突然机长通知你，飞机可能出现故障，让你做好应急准备。同时，飞机也已经出现剧烈摇晃，乘客有些惊慌。面对这种情况，如果你是机组人员，你会如何处理。

5. 结束的问题。

例如，到目前为止你还应聘过其他的单位吗，进行得如何？

（二）面试的题型及答题思路

1. "情境型"试题 "情境型"试题有人际关系处理、计划组织协调、应变能力考察、临场压力测试、现场模拟等题型。

例如，人际关系处理的试题是指设定一个困难情境考查人际交往中的意识与技巧。人际交往的主动性是很重要的一个考核点，主要表现在人际交往的意识、经验、方法及处理人际关系的原则性与灵活性等方面。这里会涉及与领导、同事、下属、亲友、陌生人之间的交往。答题的思路应该是首先体现控制情绪、然后分情况解决、最后表达自己的心态。

● 案例6-6

面试试题：你的一位同事很会适时的在领导面前表现自己，趁你工作失误时在领导面前添油加醋，但是他的业务能力和工作成绩都不如你。你如何与这位同事相处？

精彩回答：工作中遇到这样的事情，确实让人很难堪，但我会理性看待，妥善处理。

首先，同事喜欢在领导面前表现自己，是由于同事之间的竞争而产生的一种不正常现象，趁我在工作中的失误，向领导添油加醋更是不对。即便如此，我也应该克制情绪，理性对待。

其次，虽然我的业务能力强，工作业绩好，但在工作中出现了失误，这时就要勇于向领导认错，积极想办法补救。并通过向同事请教学习，提高工作能力。

再次，工作中可能会出现"交集"，自己态度上的简单粗暴会影响到与同事的相处，这就要从大局出发，做好本职工作。建议领导合理分工。

最后，如果同事专业上不足，需要帮助时我会伸出援助之手，在潜移默化中帮助同事把业务能力提高上去。而且在交流学习中也能成为朋友，并委婉地表达出团结的重要性。

总之，我要积极与同事搞好关系，维护好单位内部的关系，使单位内部充满凝聚力、战斗力。

2. "智能型"试题 "智能型"试题主要表现为关于政策理论的试题、关于社会现象的试题、成语名言类试题等题型。

例如，成语名言类试题，重点考察考生的综合分析能力、逻辑思维能力以及语言表达能力。

● 案例6-7

面试试题：中国有句谚语"天道酬勤不酬怨"，请结合自身谈谈你的看法。

精彩回答："天道酬勤不酬怨"总的意思是说：上天会报答勤劳的人，而对抱怨者并无回报。由此我对这句话从以下几个方面加以理解。

首先，我想谈谈对勤劳的理解。现代社会日新月异，多付出才能善于寻找办法，少走弯路。如果我们骄傲自满不付出，就会被时代淘汰。

其次，我想谈谈抱怨。抱怨不仅不能解决问题，而且还会影响和其他人的感情，不利于团结。如果遇到不痛快的事情，我们可以通过善意的倾诉缓解压力，逐步地减少抱怨，争取将来不抱怨。

最后，我想谈谈对自己的启示，一分耕耘一分收获的道理告诉我们，在工作中一定要努力，而在生活或工作中遇到的苦难和挫折要勇于面对而不是怨天尤人。

（三）面试的策略与技巧

1. 自我介绍的技巧 面试开始时，有时是2～3分钟的自我介绍，犹如商品广告，要在有限的时间内，针对"客户"的需求，将自己最好的一面毫无保留地表现出来，不但要给对方留下深刻的印象还要激发其"购买欲"，主要要从以下几个方面入手。

（1）自报家门：要清晰地报出自己的名字，要想办法让对方记住自己的名字。

（2）自我介绍：自我介绍不求长，但是思路必须清晰，重点必须突出，使面试官对你产生兴趣和好感。不要完全重复简历上的内容，而应重点陈诉自己的强项、优点、技能、突出成就、专业知识等。

2. 交谈技巧。

（1）答问技巧：在回答面试官的问题时，要注意把握以下几点。

第一，要把握重点、条理清楚。一般情况下，回答问题要先给出结论，将中心意思表达清楚，然后进行分析阐述。

第二，讲清原委，避免抽象。面试官的提问是为了了解应聘者的具体情况，切不可简单的仅以"是"或"否"作答，有的需要解释原因，有的需要说明程度。

第三，切题回答。面试中，面试官提出的问题可能过大，以致不知从何答起，或应聘者对提出的问题不明白什么意思，这时应聘者可以将问题复述一遍，如"您问的是不是这样一个问题……"，确认内容，才会有的放矢，不至于南辕北辙、答非所问。

第四，讲完事实以后要有适时的沉默。保持最佳状态，努力思考自己的回答。

第五，冷静对待，宠辱不惊。面试官中不乏刁钻古怪之人，可能故意挑衅，令人难堪。这不是不怀好意，而是一种战术提问，让你不明其意。故意提出不礼貌或令人难堪的问题，其意在于"重创"应试者，考察你的适应性和应变性。

（2）发问技巧：面试时如果招聘者问你有没有问题，你也可以适当问一些问题，并且应该把提问的重点放在面试官的需求及你如何能满足这些需求上。通过提问的方式进行自我推销是十分有效的，所提的问题必须紧扣工作任务、紧扣职责。切忌不要问一些通过事先了解就能获得的有关公司的信息，这样会让面试官对你的面试目的是否明确产生怀疑。

（3）谈话技巧：在谈话中，应聘者要顺其自然，不要误解话题，不要过于执著，不要独占话题，不要插话，不要说阿谀奉承的话。在交谈中很重要的一点就是注意把握谈话的气氛和时机，这就需要随时注意观察对方的反映。如果对方的眼神或表情显示出对你所涉及的某个话题失去兴趣了，就应该尽快找几句话将话题收住。交谈中，要把握好以下几个原则。

第一，体现高度，在交谈中展示自己的水平。一方面体现政治思想水平和强烈的敬业精神，另一方面体现专业水平。对问题的回答不能满足于"知其然"，还要答出"所以然"。

第二，体现真诚。在交谈中，态度要诚恳、谦卑；表达中要力求准确，尽量少用"可能""也许""大概"等模棱两可的词语；回答的内容要力求真实，尤其对于自己的优缺点要一分为二，实事求是。

第三，体现风度、展示气质。在交谈中，一方面，要体现自身的外在美；另一方面，要体现自己内在的气质。言语是一个人内在气质、涵养的外在体现，要用自己的语言魅力展示自己。

第四，保持热度，在交谈中展示自己的热情。要努力做到主动问候、精神饱满、悉心聆听。

3. 面试结束时的技巧。

（1）适时告辞：在面试中要把握好对话的时间，因为面试不是闲聊。从某种意义上讲，面试就是陌生人之间的沟通。谈话的时间要根据面试的内容而定。招聘者认为该结束面试时，往往会说一些暗示性的话语，例如："你的情况我们已经了解了"、"感谢你对我们招聘工作的关注"等话语，提示应聘者面试即将结束，这时应聘者就应该把握时间主动告辞。

（2）礼貌再见：面试结束时，应聘者应不急不缓地起立，将座椅轻轻地放归原地，向考官致谢，鞠躬后离场。但鞠躬动作并非必须，由应聘者自行决定。应聘者退场时要注意走姿，轻轻将门带关，不要表现出急欲离去的样子。应聘者退场时不得将试题与考场草稿纸、记录用笔等带出考场。

|思考与讨论|
1. 谈谈你的专业、性格、特长与你所报岗位之间的关系。
2. 就业信息如何去收集？如何筛选信息？

（王　爽　王艳春）

下篇
创业改变人生

在"大众创业、万众创新"时代潮流的引领下，今天的校园里，创业已是热议的话题。很多大学生投身各种创业大赛、创业项目、创业团队。全国各地科技园区纷纷设立创客中心，提供创业平台。政府相关部门出台各种措施，为大学生创业提供各种优惠条件。

这是一个创业的好时代。那到底什么是创业？大学生如何创业？国家出台了哪些创业相关政策？怎么树立科学的创业观？……这些问题直接影响大学生对创业的态度，甚至决定了创业能否走向成功。

首先，创业者必须具备创业的基本素质，这包括具备行业专业知识、识人能力、管理水平、创造力、口才、毅力、奉献精神、积极的人生观、独立作业的能力、追求利润的方法等。

其次，要确定创业方向。创业最好选择自己熟悉的专业，这样成功概率较高。一来创业初期业务开展阻力较小；二来能提升专业能力，比较容易在激烈的竞争中脱颖而出。

最后，要评估创业的风险。在创业的过程中要注意培养规避风险、转移风险、补偿风险、抑制风险、评价风险、预测风险和管理风险的能力。

大学生创业要取得成功，一定要找到自己最想做的事，当然这也是自己最能干的事，这样就能够每天都有工作热情，也容易成功。要成为一个成功的创业者，一般所必备的主要条件有三个：一是要有开创的意识敢于冒险的精神，二是要有一定专业水平和管理能力，三是要有锲而不舍的坚持。

创业之路很艰难，创业者大多时候是需要面对失败的挫折和打击。创业过程中，别人的成功很难复制，失败的教训在现实中不断重演。面对失败，必须调整心态，只有经历过失败。经历过风雨的人才知道成功的意义。创业就是一个学习的过程。

有人说创业是一种历练，有人说创业是一种态度，还有人说创业是一种信仰。这是一个呼唤创业、追求创新的时代。创业是让一个人实现从"职业"到"事业"转型的途径，每个人都想拥有一份属于自己的事业，创业改变人生！

本篇为下篇，第7章介绍创业形势和政策，第8章阐述创业和发展。

第7章 创业形势与政策

2017年,全国高校毕业生的规模达到了795万人,这是本世纪初毕业生人数的7倍多。在大学生就业形势严峻的情况下,很多毕业生感到寒风阵阵,不少人对于在毕业前能否找到工作感到忧心忡忡。就整个社会而言,鼓励创业不仅可以缓解就业压力,还可以推动社会进步,加速科技创新,增强经济活力。就个人而言,创业可以充分发挥个人的才能,充分施展自己的才华,把未来握在自己手中,实现自身全面发展,实现个人理想和价值。

在今天的校园里,创业已是热议的话题。有人说创业是一种历练、有人说创业是一种态度,还有人说创业是一种信仰。学子们浩浩荡荡地投入创业的大军中,因为当下是创业的好时代。什么是创业?国家出台了哪些政策?什么是科学的创业观?……这些问题直接影响大学生对创业的态度,甚至决定了创业能否走向成功。

第1节 创业现状与形势

案例 7-1

小林同学是某专科学校康复治疗技术专业的学生,作为班长和学生会纪律部部长的他面临实习。在与辅导员老师的聊天中,他了解到现在毕业生找工作竞争很激烈,康复治疗技术专业的学生可以考虑创业,自谋生路。老师认为小林在校期间担任学生干部,能力非常突出,可以考虑一下。小林同学听后,内心一阵火热,他兴致勃勃地告诉老师:"其实,我们几个同学也商量过这件事情,不过感觉挺难的,还得找场所、买设备、注册公司、做宣传,我们也没有资金……,我们能不能成功呢?感觉思路很不清楚,希望老师您给指导一下"。

请问:小林在创业前,应了解大学生创业方面的哪些政策?

"没有调查,就没有发言权。"根据《中国大学生就业报告》显示,2012届大学毕业生自主创业比2011届(1.6%)高0.4个百分点,比2010届(1.5%)高0.5个百分点。2012届高职高专毕业生自主创业比例(2.9%)远远高于本科毕业生(1.2%)。2015届大学毕业生的自主创业比例是3.0%,比2014届(2.9%)高出0.1个百分点,2015届高职高专毕业生自主创业的比例(3.9%)高于本科毕业生(2.1%),加入创业大军的大学生越来越多。那么,创

业是如何定义的呢？下面让我们一起来学习。

我国大学生创业形势

（一）大学生创业

1. 概念　《辞海》：创业，创立基业。"基业"指"事业的基础、根基"；与"守成"相对应，"守成"即保持前人已有的成就和业绩。大学生创业是指大学生在校期间或大学毕业生自毕业年度起三年内，通过识别机会，把握机会，整合市场、环境、法律、人力和财务等资源，完成注册登记，创建新企业并盈利的过程。

格力电器总裁董明珠说过，一个成功的创业就是能够释放你的思想，让你孜孜追求的东西变成现实的过程。

2. 特点

（1）创业的主体：大学生创业的主体是在校期间的大学生或从毕业年度起三年内创业的大学毕业生。"毕业年度"指毕业所在自然年，即1月1日至当年12月31日。

（2）创业的过程：大学生创业是一个过程，是一个整合资源、逐步盈利的过程，是一个渐序体现个人价值的过程。大学生创业的过程，是锤炼大学生意志品质的过程，会促进大学生更快成长。创业过程充满了激情，也充满了艰辛、挫折，需要坚持不懈地努力。成功会带来无穷的欢乐，即使失败，也会使创业者比同龄人更快成长。

（3）创业教育的实质：我们提倡的大学生创业，不仅仅是鼓励大学生在校期间或毕业年度起三年内创业，更是向其普及创业知识，促使其学习创业知识和领会创业精神，为每位大学生带着创业意识走向职场，实现最终高质量的就业拓展新的途径和思路。

"2016十大经济年度人物"拉卡拉集团董事长兼总裁孙陶然先生说过："对于创业把握机会，在《创业36条军规》里面提过一个三者之间的交集点，市场、特长和爱好，对于绝大多数初创者来讲，是没有办法去考虑自己爱好的，只能更关注于特长和市场需要，但第一要素是市场需要，如果做的东西市场不需要，是怎么都不会成功的。"

（二）创业形势

1. 就业形势严峻　随着社会主义市场经济的进一步发展，随着产业结构不断调整和优化，劳动密集型产业逐步向资本密集型和技术密集型产业调整，企业用工数量大大减少。然而，当前我国高等教育已经进入大众化阶段，部分地区已经进入高等教育普及化阶段，毕业生就业竞争日益激烈。因此，解决大学毕业生就业已经成为突出的社会问题。

2. 创业政策沿革

第一，1986年以来，国家逐步对高等学校毕业生分配制度进行了改革，到2000年初步建立了"双向选择、不包分配、竞争上岗、择优录用"的新就业模式。大学毕业生身不由己地被推向了自主择业的浪潮中。面对大学生就业难的严峻形势，国家提出以创业带动就业的先进理念，鼓励大学生自主创业、自谋职业。

第二，2002年，教育部确定清华大学等9所创业教育试点高等院校，开始推进我国大学生创业教育工作的开展。党的十七大提出："实施扩大就业的发展战略，促进创业带动就业"。强调要完善支持自主创业、自谋职业政策，加强就业观念教育，使更多的劳动者成为创业者。

第三，2003年5月，国务院办公厅颁布《关于做好2003年普通高等学校毕业生就业工作的通知》，首次在行政事业性收费、小额担保贷款等方面对高校毕业生创业提出具体优惠政策。

此后，政府相关部门纷纷出台了鼓励大学生自主创业的政策和法规。如财政部、国家发展和改革委员会共同出台了关于高校毕业生从事个体经营有关收费的具体优惠政策。

第四，2008年，世界金融危机的爆发导致了中国经济增速放缓，社会就业压力增大。为缓解大学生的就业压力，政府加大了对大学生创业的政策扶持力度。党的十七大报告提出"提高自主创新能力，建设创新型国家"的发展战略。在此背景下，2008年，我国颁布实施了《就业促进法》，首次从立法高度鼓励劳动者自主创业、自谋职业。与此同时，政府制定了一系列政策法规促进创业带动就业，要求"强化创业服务和创业培训，改善创业环境，加快形成政策扶持、创业培训、创业服务'三位一体'的工作机制"。

第五，2010年，教育部下发了《关于大力推进高等学校创新创业教育和大学生自主创业工作的意见》，再次强调了大学生创业的重要性和紧迫性，并成立了高等学校创业教育指导委员会，在全国高校中全面开展创业教育，希望并鼓励更多的大学毕业生从就业者变为创业者。2010年5月，人力资源和社会保障部发布了《关于实施大学生创业引领计划的通知》，提出了自2010至2012年，三年引领45万名大学生实现创业。政策内容涉及大学生技能培训、金融支持拓展到创业服务及创业环境改善等多方面，涵盖了创业活动的各个领域，政策体系初步形成。

第六，2014年5月，国家提出实施经济发展的"新常态"战略，创新创业成为新常态下经济发展的重要引擎。在此背景下，人力资源和社会保障部、教育部等九部门发布《关于实施大学生创业引领计划的通知》，提出2014~2017年实施新一轮"大学生创业引领计划"，即通过提升大学生的创业意识和创业能力，完善政策制度和服务体系，以及促进"政府激励创业、社会支持创业、大学生勇于创业"机制的形成，力争实现引领80万大学生创业的预期目标。创业政策内容从单纯提供优惠政策向提供系统辅导转变，政策体系逐步完善。

3.大学生创业的优势和劣势　　改革开放初期，第一代企业家创业时，没有科技支撑，没有新型商业模式，没有"互联网+"，要取得创新创业的成功非常困难。目前，我国进入了知识经济时代，迈入了创新驱动经济发展的新阶段，大学生有科技支撑，视野开阔、思维活跃，对市场敏感，善于应用新商业模式，沟通能力强，敢想、敢闯、敢干，有激情。他们是我国经济转型升级并使我国成为创新型经济体的主力军与希望所在。

大学生创业也有很多不足之处，比如缺乏经验、能力、资金等，但只要入学后科学安排时间，多请教，这些问题都是可以解决的。经验不足的同学可以通过担任学生干部、参加社团活动锻炼自己，也可通过向他人请教，参加社会实践和兼职，增加社会阅历。

《民富论》作者赵延忱把创业者的能力比喻成"灵魂资本"。所以，大学生在校期间要有目的地提高自己的沟通协调能力、表达能力和逻辑分析能力。众所周知，当今社会已经不再是光凭着胆量和运气就能取得成功的社会。知识经济时代最重大、最根本的变化无疑是资金让位于知识，知识成为最宝贵的资源、最重要的资本。"继续教育"成为人们的终身行为。"知"本家就是以知识为资本的人，知识是他们赖以立足的最大资产。

二　我国大学生创业政策

李克强总理明确指出，大学生创业已成为全社会关注的焦点，国家将自上而下加大力度，对大学生创新创业进行政策扶持、行政简化、税收减免等。政府促进大学生自主创业的政策多种多样，包括放宽市场准入条件，享受税、费减免政策，享受资金扶持政策，享受培训服务指导等。那么创业大学生要了解哪些政策内容呢？以下简要介绍。

（一）高校毕业生自主创业，可以享受哪些优惠政策

1. 税收优惠　简化大学生创业流程，取消了《大学生自主创业证》。持人社部门核发《就业创业证》（注明"毕业年度内自主创业税收政策"）的高校毕业生在毕业年度内（指毕业所在自然年，即1月1日至12月31日）创办个体工商户、个人独资企业的，3年内按每户每年8000元为限额依次扣减其当年实际应缴纳的营业税、城市维护建设税、教育费附加和个人所得税。对高校毕业生创办的小型微利企业，按国家规定享受相关税收支持政策。

2. 创业担保贷款和贴息支持　符合条件的高校毕业生，可在创业地按规定申请创业担保贷款，贷款额度最高为10万元。鼓励金融机构参照贷款基础利率，结合风险分担情况，合理确定贷款利率水平。对个人发放的创业担保贷款，在贷款基础利率基础上上浮3个百分点以内的，由财政给予贴息。

3. 免收有关行政事业性收费　毕业2年以内的普通高校毕业生从事个体经营（除国家限制的行业外）的，自其在工商部门首次注册登记之日起3年内，免收管理类、登记类和证照类等有关行政事业性收费。

4. 享受培训补贴　对高校毕业生在毕业学年（即从毕业前一年7月1日起的12个月）内参加创业培训的，根据其获得创业培训合格证书或就业、创业情况，按规定给予培训补贴。

5. 免费创业服务　有创业意愿的高校毕业生，可免费获得公共就业和人才服务机构提供的创业指导服务，包括政策咨询、信息服务、项目开发、风险评估、开业指导、融资服务、跟踪扶持等"一条龙"创业服务。各地在充分发挥各类创业孵化基地作用的基础上，因地制宜建设一批大学生创业孵化基地，并给予相关政策扶持。对基地内大学生创业企业要提供培训和指导服务，落实扶持政策，努力提高创业成功率，延长企业存活期。

6. 取消落户限制　取消高校毕业生落户限制，允许高校毕业生在创业地办理落户手续（直辖市及部分地区按有关规定执行）。

（二）大学生创业工商登记有什么要求

深化商事制度改革，进一步落实注册资本登记制度改革，坚决推行工商营业执照、组织机构代码证、税务登记证"三证合一"，推进"三证合一"登记制度改革意见和统一社会信用代码方案，实现"一照一码"。放宽新注册企业场所登记条件限制，推动"一址多照"、集群注册等，降低大学生创业门槛。

（三）对大学生自主创业学籍管理有什么要求

对有自主创业意愿的大学生，实施弹性学制，放宽学生修业年限，允许其调整学业进程，可保留学籍休学创新创业。

（四）怎样申请创业担保贷款？在哪些银行可以申请创业担保贷款

创业担保贷款按照自愿申请、社区推荐、人力资源和社会保障部门审查、贷款担保机构审核并承诺担保、商业银行核贷的程序，办理贷款手续。

各国有商业银行、股份制商业银行、城市商业银行和城乡信用社都可以开办创业担保贷款业务，各地区根据实际情况确定具体经办银行。在指定的具体经办银行可以办理创业担保贷款。

（五）哪些项目属于微利项目

微利项目由各省、自治区、直辖市人民政府结合当地实际情况确定，并报财政部、中国人民银行、人力资源和社会保障部备案。对于从事微利项目的，财政据实全额贴息，展期不

贴息。

（六）离校后未就业高校毕业生如何参加就业见习

各地人力资源和社会保障部门通过媒体、公共就业和人才服务机构，以及电视、网络、报纸等多种渠道，发布就业见习信息，公布见习单位名单、岗位数量、期限、人员要求等有关内容，或者组织开展见习单位和高校毕业生的双向选择活动，帮助离校未就业高校毕业生和见习单位对接。离校后未就业回到原籍的高校毕业生可与原籍所在地人力资源和社会保障部门及当地团组织联系，主动申请参加就业见习。

（七）就业见习期限有多长

高校毕业生就业见习期限一般为 3 ~ 12 个月。

高校毕业生就业见习活动结束后，见习单位对高校毕业生进行考核鉴定，出具见习证明，作为用人单位招聘和选用见习高校毕业生的依据之一。在见习期间，由见习单位正式录（聘）用的，在该单位的见习期可以作为工龄计算。

（八）离校未就业高校毕业生参加就业见习享受哪些政策和服务

1. 获得基本生活补助（基本生活补助费用由见习单位和地方政府分担，各地要根据当地经济发展和物价水平，合理确定和及时调整基本生活补助标准）。
2. 免费办理人事代理。
3. 办理人身意外伤害保险。
4. 见习期满未被录用可继续享受就业指导与服务。

（九）见习单位能享受什么优惠政策

对企业（单位）吸纳离校未就业高校毕业生参加就业见习的，由见习企业（单位）先行垫付见习人员见习期间基本生活补助，再按规定向当地人力资源和社会保障部门申请就业见习补贴。

就业见习补贴申请材料应附：实际参加就业见习的人员名单、就业见习协议书、见习人员身份证复印件、大学毕业证复印件、企业（单位）发放基本生活补助明细账（单）、企业（单位）在银行开立的基本账户等凭证材料，经人力资源和社会保障部门审核后，财政部门将资金支付到企业（单位）在银行开立的基本账户。

见习单位支出的见习补贴相关费用，不计入社会保险缴费基数，但符合税收法律法规规定的，可以在计算企业所得税应纳税所得额时扣除。

（十）高校毕业生如何申请参加职业培训

职业培训由各地人力资源和社会保障部门负责组织实施。高校毕业生可到当地相关部门咨询了解职业培训开展情况，选择适宜的培训项目参加。

职业培训工作主要由政府认定的培训机构、技工院校或企业所属培训机构承担。

（十一）高校毕业生能否享受职业培训补贴政策及如何申请

高校毕业生毕业年度内参加就业技能培训或创业培训，可按规定向当地人力资源和社会保障部门申请职业培训补贴。毕业后按规定进行了失业登记的高校毕业生参加就业技能培训或创业培训，也可向当地人力资源和社会保障部门申请职业培训补贴。

按照《财政部、人力资源和社会保障部关于进一步加强就业专项资金管理有关问题的通知》（财社〔2011〕64号）等文件规定，申请材料经人力资源和社会保障部门审核后，财政部门按规定将补贴资金直接拨付给申请者本人。职业培训补贴申请材料应附：培训人员身份证复印件、就业创业证复印件、职业资格证书（专项职业能力证书或培训合格证书）复印件、就业或创业证明材料、职业培训机构开具的行政事业性收费票据（或税务发票）等凭证材料。

高校毕业生参加就业技能培训或创业培训后，培训合格并通过职业技能鉴定取得初级以上职业资格证书（未颁布国家职业技能标准的职业应取得专项职业能力证书或创业培训合格证书），6个月内实现就业的，按职业培训补贴标准的100%给予补贴；6个月内没有实现就业的，取得初级以上职业资格证书，按职业培训补贴标准的80%给予补贴；取得专项职业能力证书或创业培训合格证书，按职业培训补贴标准的60%给予补贴。

（十二）高校毕业生如何获取职业资格证书

高校毕业生个人可向职业技能鉴定所（站）自主申请职业技能鉴定。职业技能鉴定要参加理论知识考试和操作技能（专业能力）考核。经鉴定合格者，由人力资源和社会保障部门核发相应的职业资格证书。

（十三）高校毕业生能否享受职业技能鉴定补贴政策及如何申请

按照《财政部、人力资源和社会保障部关于进一步加强就业专项资金管理有关问题的通知》（财社〔2011〕64号）等文件规定，对高校毕业生在毕业年度内通过初次职业技能鉴定并取得职业资格证书或专项职业能力证书的，按规定给予一次性职业技能鉴定补贴。

通过初次职业技能鉴定并取得职业资格证书或专项职业能力证书的，可向职业技能鉴定所在地人力资源和社会保障部门申请一次性职业技能鉴定补贴。职业技能鉴定补贴申请材料应附：申请人身份证复印件、就业创业证复印件、职业资格证书复印件、职业技能鉴定机构开具的行政事业性收费票据（或税务发票）等凭证材料，经人力资源和社会保障部门审核后，财政部门按规定将补贴资金支付给申请者本人。

第2节 树立科学的创业观

● 案例7-2

经过辅导员老师的精心指导和设计，通过自学相关知识，小林进一步明确了创业的方向，清楚了注册公司的步骤，并制订了较为周密的创业计划，万事俱备只欠东风。一天晚上，他躺在宿舍的床上，想到了很多大学生创业失败的案例，不由地长叹了一口气，心想：如果创业失败，自己该怎么办呢？

请问：1. 小林在创业前，应做好哪些心理准备？
　　　2. 小林应树立什么样的创业观？

成功心理学认为，人人都有巨大的潜能，人人都可以成功。你希望自己成为什么样的人，将在很大程度上决定自己的命运。英国哲学家培根说过："奇迹多是在对逆境的征服中出现的。"关键的问题是应该如何面对逆境。总之，要相信办法总比问题多。世界是无限的，人的潜能也是无限的。只要唤起创业的热情，在科学的创业观的指导下，善于发挥自己的潜能，不懈追求，成功之路就会在脚下延伸。

任何事情，在实现以前都是一个梦。对准备创业的人来说，首先是做好充分的心理准备。

做好创业的心理准备

（一）创业心理准备的概念

创业心理准备就是创业前预知创业过程中将要发生的事情，并在心理和身体等方面做出应对措施。

创业就是准备当老板，但当老板和当雇员所面临的问题完全不同。当雇员是挣钱；当老板首先是花钱，能不能挣到钱还不一定。当雇员，如果还没有想到下一步要做什么，老板会立刻告诉你；当老板必须时刻发现企业各个环节中存在的问题，并全力解决，决不能有丝毫懈怠，因为任何一个小问题没解决好都可能让所有的努力付诸东流，正所谓"一着不慎满盘皆输"。所以，当老板就像在狂风巨浪中驾船的船长。那么，你准备好了吗？

对创业者来说，真正令其焦虑的问题是在开始创业后，其经常会遇到诸如运营、资金、人才、市场等各种困境。如果没有做好心理准备，没有良好的心理素质，面对困难、新问题甚至失败时，就很难再破浪前行。因此，创业者必须做好充分的心理准备。

（二）创业心理准备的内容

1. 自信　自信决定创业的高度，往往能使我们创造奇迹。胆怯的人即便才华出众、天赋异禀，也终难成就伟大的事业。一个人的成就，绝不会超出他自信所能达到的高度。

许多人认为世界上最好的东西，不是自己所能享有的，而是留给一些命运的宠儿来享受的。有了这种卑贱的心理后，他们就容易自暴自弃，故很难做大事、立大业，可能平庸一生。

自信是创业者最可靠的资本。它能排除各种障碍、克服种种困难，能使创业获得完满成功。成功创业者的人格特质中有一个共同特点，他们做事之前，总是具有坚定自信心，深信事业必能成功。做事时他们付出全部精力，破除一切艰难险阻，直到胜利。

2. 主见　主见是一个人对任何事有自己明确的想法，这想法和别人的可能一样，也可能不一样。有主见，和别人做的事可能一样，也可能不一样。单纯地认为做和别人不一样的事，就是有主见。这样的看法是不成熟的。当我们没有主见时，往往表现出不自信。当我们不自信时，自然内心的声音就会微弱，常常被别人的言语所左右，甚至放弃说话的机会。

创业者必须是有主见的人。首先，要提高自己的思辨能力，只有思路敏捷、见解独到的人才能洞察事物的真谛，才能认清自己创业所要面临的各种问题，并做出正确的判断。第二，要充分利用各种资源、掌握各种信息，才能全面分析创业面临的形势和现状，做出正确判断并随即决定。

3. 专注　专注的力量很大，能把一个人的潜力发挥到极致。一旦达到那种状态，所有的精力便集中到了一点。能够到达金字塔顶端的动物只有两种，一种是苍鹰，天生异禀；一种是蜗牛，早知自己是常物，仍然立下鸿鹄志，凭借后天的专注和努力，走向成功。

人的精力是有限的，创业过程中的商机有很多，只有专注于最符合自己实际情况的商机，才能在诱惑面前打开市场，在激烈的竞争中占有一席之地，在业内获得口碑。你很专注地干过一件事情吗？全身心地投入24小时不想别的，心里就一件事情那种感觉，只有亲身体会才知道。2000多年前，荀子在《劝学》中说："故不积跬步，无以至千里；不积小流，无以成江海。骐骥一跃，不能十步；驽马十驾，功在不舍。锲而舍之，朽木不折；锲而不舍，金石可镂。"

4. 恒心 国家通过开展大学生创业培训（实训），对大学生创业给予政策扶持、创业指导和孵化服务，改善创业环境，健全创业服务，引领一大批大学生通过创业实现就业。在这一政策的指导下，全国各地都在采取积极措施，为大学生创业提供条件。但这并不等于大学生创业就是一帆风顺的，大学生依然要面临很多问题。

创业是在市场中竞争，市场不会同情弱者，对抱怨、沮丧者只有淘汰和抛弃。创业目标确定后，创业者能否朝着既定目标一步步走下去，遇到困难能不能坚持到底，就要看创业者有没有恒心。恒心就是持之以恒的毅力，坚持不达目的不罢休的决心。

当年周枫带人做婷美项目，500万元的项目做了两年多，花了440万元还是没有做成。合作伙伴都想把项目卖了，周枫只好买了下来。原来大家还有个合伙公司，作为代价，周枫把在这个合伙公司的利益也全部放弃了，损失了几千万元。单干的周枫带着23名员工，把自己的房子抵押了，同时，跟几个朋友借钱才凑了300万元。在账户上存了5万元，他对员工说：这回，做成了咱们就成了，不成，你们就把这5万块钱分了，我不欠你们的工资。这些话把他的员工感动得要哭，当时人人争先，个个卖力，婷美终于成功了。

5. 人脉 单枪匹马闯天下的时代已经结束，创业者要扩展自己的人脉网络，打开人脉通道，才能创造财富。要广泛利用血缘、地缘、学缘、事缘、客缘等人脉关系，结合政府、金融、行业、技术、智慧、媒体等人脉资源，维护好核心层人脉资源，助力创业。

建立自己的人脉关系网，是件很有挑战的事情，是一个长期培养和维护的过程。如果只在需要对方时才联系，这种关系长久不了。平时就应该把建立人脉关系当作工作的一部分，花心思保持现有关系和建立新关系。建立关系后要做足功课，记清对方的名字、兴趣、地址、喜欢的联络方式、职称、职责、秘书或助理的名字等。如此一来，当你需要帮忙时，就容易找出适当的人选。

6. 诚信 "诚"即诚实诚恳，"内诚于心"；"信"即信用信任，侧重于"外信于人"。其基本含义是指诚实无欺，讲求信用。老子说："人无信不立，业无信不兴，国无信则衰。"千百年来，诚信被中华民族视为自身的行为规范和道德修养。诚信是我们立身之本，也是在商场立足和发展的根本。市场经济条件下，以产品和服务的质量取胜，才能赢得消费者。

> **链接**
>
> **新疆籍大学生诚信创业**
>
> "阿达西"是由来自新疆的大学生创办的企业，是一家专注于新疆农特产品种植、加工、研发、私人订制、社区直销、电子商务及社交为一体的综合性科技企业。公司成立后所做的第一款产品——哈密瓜，却让整个团队尝到了失败的滋味。公司在微信商城上做了一个简单的产品页面，然后在微信朋友圈里进行预售，并得到武汉创业天使导师们的大力推广，订单纷至沓来，但是由于经验不足和理想化的操作，成熟度高的哈密瓜在武汉闷湿的环境和运输的颠簸下，80%的消费者收到哈密瓜时都有问题。公司在第一时间做出了全部补发哈密瓜的决定。因为诚信是立人之本，也是一个企业能够生存发展的重要因素，虽然这次赔了几万块钱，但是公司诚信为本的行为深深地打动了消费者的心，让公司在武汉得到了大家的一致认可。此后，在不到两个月的时间内，销售额就突破了25万元。在2015年武汉市大学生创新创业项目大赛中获得第二名。

树立科学的创业观念

观念决定行为,行为决定习惯,习惯决定性格,性格决定命运。当代大学生多为"95后""00后",他们是当代社会真正的"弄潮儿",他们的精神生活非常丰富,但普遍存在着享乐主义、拜金主义,还有一部分同学好高骛远、急功近利,道德观念和法制观念严重缺失。

(一)概念

大学生创业观是大学生在创业实践过程中形成的对创业活动所持的稳定的认识和态度。当这种认识和态度内化为创业的坚定信念,形成价值观后可激发创业者内在的创业意识,催生创业行为。

(二)意义

大学生创业最容易受自身观念的影响。科学的创业观能对大学生创业进行正地引导,能激发大学生积极的创业意识,帮助他们选择适合自己的创业类型,使其在复杂的社会环境中尽快转换角色、脚踏实地、勇于创新。

大学生树立科学的创业观,有利于打破职业框框,打破"一步到位、从一而终"的就业观,让自己在择业和创业的浪潮中掌握好人生的总舵,迈出走向成功关键和决定性的第一步。

(三)树立科学的创业观

1. 创业动机　创业动机是指引起和维持个体从事创业活动,并使活动朝向某些目标的内部动力。大学生的创业动机,有的因为家庭经济原因,为满足生存的需要,利用课余时间打工,在这个过程中发现商机,从此走上了创业之路;有的大学生以锻炼为目的,因为随着大学生年龄的增长,对于相互关系和成长的需要会逐渐增强,为了增加实践经验和丰富自己的阅历,走上了创业之路;有些大学生是因为就业形势严峻,常规工作工资待遇比较低,为了开创一份自己的事业走上了创业之路。

2. 商机意识　多数人希望过平凡而稳定的生活。而当普通民众开始崇尚创业时,将意味着中国经济文化发展的真正成熟。每个人都应该有商业头脑,只有这样才能在工作中可以更好理解业务和从公司角度思考,也可以发现商业机会。客户之所以能够购买产品和服务,是因为需求得到了满足。商业机会来自对客户需求的关注、观察、发现和引领。所以,青年人平时就应养成对生活的体会和观察,任何生活中不方便的环节或者人们有广泛需求的领域可能都蕴藏着商机。

3. 风险意识　大学生踏上创业之路的第一天,就面临着各种各样的风险,尤其是创业初期。对风险的识别、防范和管理至关重要。小企业经受的风险最高,据调查发现,小企业成长的关键不是经济环境,也不是市场条件,而是企业自身的管理问题。因此,创业者要认真识别风险,并采取相应措施防范风险。

第一,市场风险。部分大学生在项目选择时只凭自己兴趣,没有前期翔实的市场调研与论证,缺乏对同类项目市场现状进行细致分析,这种选择注定创业过程会十分艰辛。虽然市场环境具有相对的稳定性,但总体趋势是在不断发展变化的。激烈的竞争会使大学生新创企业的发展面临巨大挑战,很容易受实力强大的企业的影响,导致服务或产品滞销,影响企业资金周转与正常运营。

第二,创业团队风险。创业团队的稳定与否决定了企业的经营状况。创业团队建立在制度基础之上,分工明确,风险分担,利益共享。创业团队成员应当优势互补,志同道合。

第三，财务风险。财务风险是指因公司财务结构不合理、融资不当而使公司可能丧失偿债能力进而导致投资者预期收益下降的风险。财务风险是企业在财务管理过程中必须面对的一个现实问题，是客观存在的。企业管理者对此只有采取有效措施来降低风险，而不可能完全消除风险。对初创企业的大学生，缺少财务方面的专业人员，很难进行科学的财务预算与管理，当遇到企业多方面投入时很难合理分配有限资金，从而容易导致资金运转不良，企业现金流中断，严重影响企业发展。

第四，法律道德风险。企业运行中涉及的法律范围广且比较复杂，对于大学生创业者来讲，由于没有专门的法律人员与部门，在合同订立、知识产权、税务等方面极易卷入法律纠纷，甚至因缺乏相关知识被对方钻空子，无法保护自身的合法权益。市场经济制度现阶段的不完善导致部分经营者为了经济利益而忽视了社会责任与社会道德，这极易诱导创业者忽视法律风险，在触犯道德底线的同时也触犯了法律，以致造成惨痛的教训。

第五，融资风险。大学生初入社会，人脉资源比较集中，在融资过程中，渠道单一，容易陷入融资风险。

4.创新意识　在西方，创新（Innovation）这个词起源于拉丁语，它原意有三层含义。第一，指对原有事物进行替换；第二，对原有事物进行改造；第三，创造出原来没有的东西。创新真正的障碍是现有的"成功模式"造成的"行为惯性"和"思维定式"。创新不但是企业可持续发展的原动力，而且也是推动社会进步的强大力量。在互联网时代，创新正在成为组织和个人必须具备的能力，也扩展到了社会的方方面面。爱迪生曾说："我不打算发明任何卖不出去的东西，因为不能卖出去的东西都没有达到成功的顶点。能销售出去就证明了它的实用性，而实用性就是成功。"

创新是由创新思维的过程所决定的，英国心理学家沃勒斯提出创新的"四阶段"。

第一，准备阶段。这一阶段是准备和提出问题阶段。一切创新是从发现问题、提出问题开始的。问题的本质是现有状况与理想状况的差距。爱因斯坦认为："形成问题通常比解决问题还要重要，因为解决问题不过牵涉到数学上的或实验上的技能而已，然而明确问题并非易事，需要有创新性的想象力。"

第二，酝酿阶段。这一阶段要对收集的资料、信息进行加工处理，探索解决问题的关键路径。著名科学家彭加勒认为："任何科学的创造都发端于选择。"这里的选择，就是充分地思索，让各方面的问题都充分地暴露出来，从而把思维过程中那些不必要的部分舍弃。为使酝酿过程更加深刻和广泛，还应注意把思考的范围从熟悉的领域，扩大到表面上看起来没有什么联系的其他专业领域，特别是常被自己忽视的领域。这样，有利于冲破传统思维方式和"权威"的束缚，有利于用多学科知识"交叉"优势，寻找突破口。

第三，明朗阶段。即顿悟，突然寻找到了解决办法。这一阶段的心理状态是高度兴奋甚至感到惊愕，像阿基米德那样，因在入浴时获得灵感而裸身狂奔，欣喜呼喊："我发现了！我发现了！"虽不多见，但完全可以理解。

第四，验证阶段。即评价阶段，是完善和充分论证阶段。突然获得突破，飞跃出现在瞬间，结果难免稚嫩、粗糙甚至存在若干缺陷。一是理论上验证，二是放到实践中检验。

大学生创业要在激烈的竞争中立于不败之地，就要努力打破思维定式，树立创新意识。首先，要解放思想，实事求是。及时掌握行业动态，把握行业发展趋势，认真研究新形势下解决问题的新方法，打破陈旧的思维方式，实现经营理念的不断创新。其次，科学技术的突飞猛进，要善于学习新技术。大学生创业初期，大多受到资金限制，在稳定市场的基础上，要善于开辟新领域,利用先进的技术,坚持走科技创新型企业之路。最后,大学生创业之初,就要以顾客和员工为本,建立规范的用人机制和激励约束机制,不断激励员工的积极性,通过管理制度的创新,广泛发挥员工的创造性。只有这样才能在激烈的竞争中,稳步提高企业经济效益和顾客的忠实度。员工素质的提高是企业发展的源泉。

（四）如何树立科学的创业观

1. 构建创业知识结构,增强创业本领　在学习创业知识过程中,要构建恰当的知识结构。创业者要想取得成功,除了专业知识精深外,还应学习工商、税务、公共关系、管理、金融、政策与法规等知识。创业的过程实质上就是综合运用多种知识的过程。同时,大学创业者还应该学会学习,特别是要养成终身学习的观念,主动学习,扩大知识视野。在火热的创业实践中边干边学、边创业、边总结,在创业实践中摸索市场法则,把握经济规律,增强创业本领。

2. 发挥自身优势,保持积极的创业兴趣　大学生往往对未来充满希望,他们有着昂扬的激情、蓬勃的朝气,以及"初生牛犊不怕虎"的精神,而这些都是一个创业者应该具备的素质。大学生在学校里学到了很多理论性和技术性的东西,有着较高的技术优势,而目前最有前景的事业就是开办高科技企业,技术的重要性是不言而喻的。大学生创业者从一开始就应考虑涉足高科技、高技术含量的领域,"用智力换资本"是大学生创业的特色和必然之路。一些风险投资家往往就因为看中了大学生所掌握的先进技术,而愿意对其创业计划进行投资。现代大学生有创新精神,有向传统观念和传统行业挑战的信心和欲望,这种创新精神也往往造就了大学生创业的动力源泉,成为成功创业的精神基础。

3. 坚定意志,开创基业　创业是一个长期坚持、长期奋斗的过程,很少有立竿见影、迅速见效的。创业之旅,对于意志薄弱、过分谨慎、贪图享受者是不适合的。有梦想很容易,去实践梦想、坚持梦想很难。你今天能坚持,五年后还能坚持吗？十年、二十年后还能坚持吗？大学生创业者在创业过程中,要想排除障碍按计划执行,要想确保创业各项计划都按要求达到,需要的就是坚韧不拔的创业意志。大学生创业者要有能力做出决定并执行,要有责任并愿意为自己的行为所产生的后果负责,要相信自己的决定,并坚持不懈地践行。

总之,大学生创业者要有"不干则已,一干到底,创业不成,誓不罢休"的信念。

> **链接**
>
> **创业者应该树立什么样的"创业三观"**
>
> 传统认知中人的"三观"是人生观、世界观和价值观,但青山资本创始人张野认为,创业的时候创业者的"三观",分别是时间观、金钱观和市场观。很多创业者出现各种各样的问题,其实都是因为这三观不正。
>
> 一、时间观
>
> 创业就是一场和时间的赛跑,青山资本的办公室,到处都会放着"青山沙漏",就是提醒大家珍惜时间,不要犯拖延症,集中精力解决主要问题,提高效率。更重要的是不让创业者在融资上花费太多时间,把时间放在产品、市场、人才等更重要的事情上。所谓正确的时间观,就是知道在正确的时间里如何高效的做好该做的事情。
>
> 二、金钱观
>
> 创业有时候比的不光是谁跑得快,在寒冬期就是在比谁活得长。寒冬阶段要"广积粮",做好现金储备,正确融资。此时,活下去比什么都重要。另一方面,如果没能完成下一轮融资,那要注意开源节流,拉长自己的生命线。

对创业者而言，如何正确地花钱是个必须认真思考的问题。创业者在花钱方面常见两种错误，一种是大手大脚，在市场上疯狂投入，盲目扩张，增加运营成本。另一种是害怕花钱，一说到"花钱"就紧紧捂着钱袋子不撒手，错失良机和人才。

三、市场观

网络时代，市场渠道多样，各路消息浩如烟海。创业者如何判断市场，并做出选择，最快发现市场走向而不被潮流绑架，是市场观的重点。

互联网的高效传播更使得大家很容易受到"市场潮流"的诱导。如果对创业信息盲目崇拜、照抄照搬，动辄以创业畅销书为指导原则，用流行的概念包装自己，缺乏独立思考的意识，看不到本质。这样的"市场观"是有问题的。

创业成功是小概率事件。创业成功的人，不仅仅是因为自己聪明、勤奋，更是因为他们能够在正确的三观下做出正确的选择。看行业看得透，每一步都踩得准，这样才有可能在资本寒冬和激烈的竞争之下，成长，壮大，直至成功。

|思考与讨论|

1. 什么是大学生创业观？大学生为什么要树立科学的创业观？
2. 用所学的关于创业形势与政策的知识，评估一下自己的创业观。

（郝良强）

第8章 创业与发展

大学生是社会中文化程度和劳动技能较高的群体，是大众创业的主力军。教育部门和广大教育工作者要认真贯彻国家政策，积极开展教学改革与探索。大学生在学习生活过程中应把对创业知识、创业技能的学习和培养融入到日常学习和生活中，切实增强创业意识、领会创业精神和提升创业能力，为社会主义中国经济发展和全面建成小康社会做贡献。那么，到底什么是大学生创业？大学生创业需要哪些知识和技能？需要做好哪些准备？让我们在本章中共同学习和了解。

第1节 创业准备

● 案例 8-1

小勇同学是某高校药学专业的三年级学生。在就业指导课上，任课老师说："大家马上就要毕业了，近些年大学生就业压力不断加大。为了扩大就业，适应和引领经济发展新常态，党和国家提出"大众创业、万众创新"的发展新战略，大家谈谈自己今后是否有创业的想法，是否做好了创业的准备。"小勇同学面对老师的提问回答到："我们不是毕业后到医院和医药公司上班吗，咋还要自己创业？"

请问：小勇同学的提问是否有道理？这种观念对创业的影响是什么？

"创"业，其实就是想别人没想到的，做别人没做好的事情。在我国高等教育快步走向"大众化"，毕业生数量不断增加，国家对大学毕业生创业支持力度不断加大的形势下，努力实现创业型就业是高校毕业生就业的一种新模式、新趋势。创业是一种考验胆识、考察个人谋略的行为，而这要求创业者必须具备强烈的创业意识和良好的心理品质。因此，当代大学生要想干成一番事业，应该做好创业的多方面准备工作。

● 案例 8-2

小李2013年从河南中医学院毕业后，到洛阳市骨伤科医院工作。2014年7月，小李到师弟家里作客，一个偶然的机会得知师弟的母亲腰痛多年，多方医治不见好转。于是他们试着让师弟母亲服用一些辅助性药品，并结合中医针灸、推拿疗法进行治疗。没想到，一周后师弟母亲就奇迹般地康复了。此时，他们萌发了在浦江开一个中医推拿院的想法。随后，他们把创业的想法通过网络告诉了另两位同学，得到了同学们的支持。

2014年12月，他们共同投资30万元创办的推拿院在洛阳市区正式营业。令4人非常高兴的是，推拿院一开张就生意红火、顾客盈门。专业的技术优势和灵活的营销手段，使得推拿院在短期内就获得了广泛的认同和较高的市场份额。目前，该推拿院已经第三次扩大规模，租下了市区繁华路段的一栋双层小楼作为院址，并为推拿院的进一步发展完成了14名专业人员的储备。为了回报母校，河南中医学院8名学生被推拿院聘为正式员工或者达成就业意向。

请问：小李及几位同学为什么能创业成功？他们的成功对大家有哪些启示？

创业条件和环境

（一）创业条件

大学生中想要创业的人有很多，但是许多人没有经验、没有资金，创业最终也成了泡影。仔细观察不难度发现，大学生成功创业的例子却也不少。那么，大学生创业成功要具备哪些条件呢？

1. 社会条件　近年来，我国大学生就业压力持续增大，2017年全国高校毕业生总数达到了795万人，比2016年的765万人增加了30万人，创历史新高。在此情况下，鼓励以创业带动就业成为解决就业问题的重要选择。对于大学生创业，党和国家一直大力支持，在企业注册登记、融资贷款、资金扶持、税收缴纳、创业培训指导、人事代理服务、举办创新创业活动、高校创业教育等方面出台了许多鼓励大学生创业政策，为大学生创业营造了很好的社会条件。

2. 家庭条件　家庭是创业者早期接受启蒙教育和健康成长的摇篮。家庭条件因人而异，无论家庭条件好还是家庭条件差一些，对创业者来说都有可以利用的因素。有的家庭条件相对好一些，家庭成员在社会上具有一定的地位或影响力，使创业者能结识一些利于创业的关键人物。比如，有的家庭是经营传承数代的家族事业。多年的经营，为创业者提供了大量的经营项目和经营经验，加之生产或经营技术的传统垄断性，使这类创业者在创业活动中往往容易成功。也有一些创业者家庭条件很一般，但这并没有影响创业者的自信心和其创业活动，他们克服了重重困难，通过自身的艰苦努力而逐步实现了理想和抱负。

3. 人际条件　人际关系条件对创业者来说十分重要，尤其是在当前市场经济条件下，搞好人际关系，对创业者顺利完成创业活动起到积极的促进作用。所谓的人际关系条件主要是指创业者在自己工作、学习以及生活的空间内，通过交往而逐步形成的相对稳定的联系，对创业者从事创业活动有促进和影响的各种有利条件。创业者总在自己的生活范围内逐步形成一个相对稳定的关系网络，这个网络对于创业者来说，是一笔不可多得的财富。创业者要学会充分利用和调动这些有利因素，使其能最大限度地为创业活动提供援助。可见，人际关系条件对创业者来说是十分重要的。

4. 自身素质条件　创业者的自身素质条件决定了创业者的创业活动性质和经营范围，也决定了创业者最终能否获得成功。创业者自身素质应包括文化素质、身体素质和心理素质等因素。在当今社会，一个成功的创业者首先要有较高的文化素质，其次要有创业激情和创业自信心，再次要有艰苦创业的创新精神，然后要有脚踏实地的务实精神，最后要掌握扎实的专业知识和专业技能。

（二）创业环境

现在大学生创业所面临的创业环境十分复杂，这种复杂性直接影响到大学生的创业结果。所谓创业环境，实际上就是创业活动的舞台。任何创业活动都是在一定的社会环境下进行的，在大学生迈向社会进入创业阶段的时候，呈现在其面前的就是一个巨大的时空舞台。在这个舞台上，诸多事物和要素互动联系、碰撞，形成了一个巨大的现实环境系统。因此，创业环境对大学生创业具有十分重要的影响。在大学生就业形势日益严峻的社会背景下，采取有效措施，为创业营造良好的环境，对促进大学生创业并带动其就业具有十分重要的作用。

1. 创业的政策环境　国家政策环境直接影响宏观经济形势，从而影响着企业的生产经营活动。它包括社会制度、国内外政局等多种因素。国家的政治局势是否稳定，法律法规是否规范，是否对创业活动有特别的限制和要求，是否对某些行业在政策上有一定的倾斜等，对创业都会有重要影响。这不仅是因为创业必须在相关的法律、政策、法规允许的范围内进行，更重要的意义在于充分利用国家的优惠政策。当前。我国出台了许多促进大学生创业的优惠政策，大学生创业者应该重点了解国家相关政策，争取更多创业的优惠政策条件，掌握与所选创业项目有关的一些特殊政策，利用国家优惠政策，以达到事半功倍的效果。

2. 创业的经济环境　经济环境指的是国家或地区的整体经济状况，包括经济发展水平、社会经济结构、经济体制、宏观经济政策、物价水平、劳动力情况等。经济环境主要是从宏观经济角度来分析的，它一般包括以下几个方面。一是对国民经济运行情况和发展态势的分析，如我国国民经济发展进入新常态，新常态对大学生创业项目会带来的影响。例如，我国医疗体制全面深化改革，这对医学生创业带了机遇和挑战。二是对国内市场体系发育和发展情况的分析。做此分析是便于正确地选择和确定经营领域、经营目标。三是对国家产业政策的分析。这尤为重要，可以避免企业出现发展受阻、经营成本增加的情况。例如，由于环境污染严重，国家政策限制发展高污染企业，因此创办一些化工制药企业就会受到限制。

3. 创业的社会环境　社会环境是指创业项目所属地区的风俗习惯、风土人情、文化水平、宗教信仰、价值观念等。一个社会在其长期的发展过程中，逐渐形成了不同的风俗习惯、伦理道德、行为准则和价值观念。每个企业都是社会大环境的一个环节、一个节点，社会环境对企业的生产经营会产生很大影响。企业应善于捕捉社会文化信息，确定自己的经营策略。作为创业者，需要分析下列因素。

第一，社会人口环境。主要包括人口规模、人口的地理分布情况、年龄结构，这些对创业项目相应产品的销售规模和销售效果影响巨大。

第二，社会文化环境。任何企业都处于一定的社会文化环境中，企业营销活动必然受到所在地文化环境的影响和制约。对大学生创业影响比较大的社会文化环境主要有受教育程度、宗教信仰、价值观念、消费习惯等。

4. 创业环境分析　上述各种创业环境相互交织，构成了完整的创业环境的概念。创业者只有全面认识和把握自身所处创业环境的基本构成，熟谙各种环境内所含的共同趋向和基本要求，进行正确、全面分析，才能够切中时代的脉搏，进行卓有成效的创业活动。

进行环境分析时，通常采取以下步骤。

第一步，确定分析的目标。

第二步，初步分析。根据分析的目的，初步分析可能涉及的问题，列出与分析目的相关的一些重要环境因素，做出适当的假设，对已有材料进行初步分析。

第三步，收集资料。按照分析内容的要求收集相关资料。资料的来源分别是自有资料、政府机关、行业部门、出版部门等公开发布的信息资料，以及现场调查收集的原始资料等。

第四步，资料整理。对收集的资料进行分析整理。首先对收集到的资料进行分类。然后确定有效信息，剔除无用信息。最后对收集的资料进行统计分析。

第五步，进行预测及评价。利用获得的资料对环境进行分析及预测趋势，并对预测结果进行准确性与可靠性评价。

大学生创业不可仓促决定、盲目上马，应重视所处的创业环境。在开始行动之前，应对创业环境进行详细、客观地分析与评价，充分了解各种外部环境的变化，充分把握由环境变化所产生的挑战和创业机会。如此，才能保障创业活动沿着良性的轨道顺利开展，最终取得创业成功。

> **链接**
>
> **大学生创业最新优惠政策**
>
> 大学毕业生在毕业两年内自主创业，到创业实体所在地的工商部门办理营业执照。注册资金（本）在50万元以下的，允许分期到位，首期到位资金不低于注册资本的10%（出资额不低于3万元），1年内实缴注册资本追加到50%以上，余款可在3年内分期到位。
>
> 大学毕业生新办咨询业、信息业、技术服务业的企业或经营单位，经税务部门批准，免征企业所得税两年；新办从事交通运输、邮电通信的企业或经营单位，经税务部门批准，第一年免征企业所得税，第二年减半征收企业所得税；新办从事公用事业、商业、物资业、对外贸易业、旅游业、物流业、仓储业、居民服务业、饮食业、教育文化事业、卫生事业的企业或经营单位，经税务部门批准，免征企业所得税一年。
>
> 各国有商业银行、股份制银行、城市商业银行和有条件的城市信用社要为自主创业的毕业生提供小额贷款，并简化程序，提供开户和结算便利，贷款额度在2万元左右。贷款期限最长为两年，到期确定需延长的，可申请延期一次。贷款利息按照中国人民银行公布的贷款利率确定，担保最高限额为担保基金的5倍，期限与贷款期限相同。
>
> 政府人事行政部门所属的人才中介服务机构，免费为自主创业毕业生保管人事档案(包括代办社保、职称、档案工资等有关手续)；提供免费查询人才、劳动力供求信息，免费发布招聘广告等服务；适当减免参加人才集市或人才劳务交流活动收费；优惠为创办企业的员工提供一次培训、测评服务。

  创业意识和精神

（一）创业意识

1. 概念　所谓创业意识，就是开创事业的意识，是指在创业活动中起动力作用的个性心理倾向，它包括需要、动机、兴趣、理想、信念和世界观等。创业意识的本质是一种积极进取的意识、奋发向上的精神。创业意识集中表现了创业本质中的社会性质，支配着创业者对创业的态度和行为，并规定着态度和行为的方向、力度，具有较强的选择性和能动性，是人们从事创业活动的强大内驱力。个人要想开创和成就一番事业，就必须具有强烈的创业意识。

2. 创业意识主要包括以下内容。

（1）创业需要：指创业者对现有条件不满足，并由此产生的最新的要求、愿望和意识，是创业实践活动赖以展开的最初诱因和最初动力。但仅有创业需要，不一定有创业行为，想入非非者大有人在，只有当创业需要上升为创业动机时，创业行为才有可能发生。

（2）创业动机：指推动创业者从事创业实践活动的内部动因。创业动机是一种成就动机，是竭力追求获得最佳效果和优异成绩的动因。有了创业动机，才会有创业行为。

（3）创业兴趣：指创业者对从事创业实践活动的情绪和态度的认识指向性。它能激活创业者的深厚情感和坚强意志，使创业意识得到进一步升华。

（4）创业理想：指创业者对从事创业实践活动的未来奋斗目标较为稳定、持续地向往和追求的心理品质。创业理想属于人生理想的一部分，主要是一种职业理想和事业理想，而非政治理想和道德理想，创业理想是创业意识的核心。

（5）商机意识：成功的创业者，会在创业前和创业后，始终面临着识别商机、发现市场的考验。创业者必须有足够的市场敏锐度，可以宏观地审视经济环境，洞察未来市场形势的走向，以便作出正确的决策来保证企业的持续发展。

（6）战略意识：创业初期给自己制定一个合理的行动计划，解决如何进入市场，如何卖出产品等基本问题。创业中期需要制定整合市场、产品、人力方面的创业策略，转换创业初期战略。需要指出的是，创业战略不只一种，也没有绝对的好坏之分，关键战略要适合自己的创业之路。在创业时应保持着战略的高度，不以朝夕得失论成败。

（7）风险意识：创业者要认真分析自己在创业过程中可能会遇到的风险，一旦这些风险出现，要懂得如何应对和化解。大学生是否具备风险意识和避险能力，将直接影响到创业的成败。

3. 创业意识的培养　资金匮乏、经验不足等都是影响大学生创业的重要因素，但最根本的一点还是大学生创业意识的缺乏。那么，大学生如何培养自己的创业意识呢？

（1）在明确的创业理想中培养创业意识：一些大学生之所以创业失败，主要是没有明确的创业理想，因而造成自我意识淡薄，从而使自己价值观念模糊不清，所以创业失败。大学是高层次知识的学习殿堂。大学生应该为实现创业理想而学习，这是因为只有具有明确的创业理想，才会具有强烈的创业意识和明确的学习方向，才会产生刻苦探求知识、勇于创业的动力，创业才能成功。

（2）在专业知识和技能学习中培养创业意识：在创业准备的学习过程中，学习目标应该是拥有创业所需的专业知识和技能，否则在实际应用时我们就有可能束手无策、一筹莫展。当一位大学生对自己的创业有了明晰的规划的时候，就要特别强调围绕规划去掌握一门学科内容，学到一个领域中特别的知识和技能。专业知识和技能学习就是学本领。通过专业知识和技能学习，可以使自己的创业理想更加明确，目标更加具体，兴趣更加浓厚，信念更加坚定。所以，专业知识和技能的学习是培养大学生拥有成熟的创业意识的摇篮。

（3）在社会实践中培养创业意识：人类的意识是受各种社会因素，如经济、文化、社会生活、文学等影响而形成的。当代大学生在培养创业意识、树立创业理想的时候，一定不要把自己的思维局限在校园里、书本中，要主动走出去，到社会上去多看看、多听听，社会是创业意识之田，在社会实践中形成的创业意识，最具有现实性，最能对事业的发展起推动作用。

（4）创业意识培养中应注意克服的消极思想：创业意识是一种积极的思想意识。作为大学生，在培养自己创业意识的过程中，需要注意克服各种各样的消极思想。首先，要克服不思进取、不求上进的思想。其次，要克服保守和满足的思想。最后，要克服听天由命、依赖和自卑的思想。

（二）创业精神

1. 概念　创业精神是某个人或某个群体通过有组织的努力，以创新和独特的方式追求机会、创造价值和谋求增长，是着重于一种创新活动的行为过程。主要含义是创新，也就是创业者通过创新的手段，将资源更有效地利用，为市场创造出新的价值。

2. 特征。

（1）高度的综合性：创业精神由多种精神特质综合而成。创新精神、拼搏精神、进取精神、合作精神等都是形成创业精神的特质精神。

（2）超越历史的先进性：创业精神的最终体现就是开创出属于自己的事业，创业精神本身具有超越历史的先进性，想前人之不敢想、做前人之不敢做。

（3）鲜明的时代特征：不同时代的人们面对着不同的物质生活和精神生活条件，创业精神的物质基础和精神基础也就各不相同，创业精神的具体内涵也就不同。

3. 创业精神的内容及培养。

（1）创新精神：是指要具有能够综合运用已有知识、信息、技能和方法，提出新方法、新观点的思维能力和进行发明创造、改革、革新的意志、信心、勇气和智慧。

大学生创新精神的培养，首先，要夯实基础、学好理论知识。其次，要注重实践，提高综合能力。再次，要拓宽视野，关注前沿信息。最后，要培养独立思考，强化辨识能力。

（2）科学精神：是指敢于坚持科学思想的勇气和不断探求真理的意识，具有丰富的内涵和多方面的特征，表现为求实精神、实证精神、探索精神、理性精神、怀疑精神等。

大学生科学精神的培养，首先，要努力提高大学生的政治水平。其次，要不断丰富科学理论知识。最后，要积极参加社会实践。

（3）冒险精神：这是大学生创新精神的必然要求。是否敢冒风险，是创业能否实施创新的重要前提。风险的核心基本含义是"未来结果的不确定性或损失"。从认识论的角度讲，冒险就是勇于探索，勇于实践。

大学生冒险精神的培养，要求大学生要敢于冒险、善于冒险，但是在创业时冒险是有准备的冒险，不打无准备之仗，要为自己的冒险行为承担相应后果。

（4）开拓精神：是指能打破常规，勇于创新和探索。不断追求产品创新、技术创新、制度创新、市场创新等都是开拓精神的体现。开拓精神即是一种不满足于现状、顽强奋斗、不屈不挠的进取精神。

大学生开拓精神的培养，首先，要求大学生在日常学习和生活中淬炼自己的品格。其次，积极参加各种校内外实践活动，壮大自己创业胆魄。最后，在学习和实践中加强学习，增长自己创业才识。

（5）拼搏精神：是指一种自强不息、不怕困难、勇往直前、披荆斩棘登高峰的意志品质。

大学生拼搏精神的培养，一方面，要有敢于拼搏精神，牢固树立不断进取的理念。另一方面，在日常学习和实践中注意培养自己善于拼搏，善于抓住机遇求发展的精神。

（6）合作精神：是指善于团结协作、发挥他人作用的精神。合作精神是人的社会属性，在当今的企业和其他社会团体内的重要体现，它反映的是一个人与别人协作的精神和能力。

大学生合作精神的培养，首先，大学生应积极参加各种团体活动，培养合作精神。其次，大学生应协调好个人与他人的关系，建立和谐的人际关系。再次，大学生应理性认识竞争与合作的关系，树立更高层次的"竞合"理念。最后，大学生应增强民主法治和诚实守信的观念，为合作提供必要保证。

 创业知识与能力

（一）创业知识

1. 概念　广义的创业知识是指对创业实践过程具有指导意义的个体的知识系统及其结构，主要包括专业知识、经营管理知识等。只有系统地掌握了相关基本理论和技能，才能为今后创业打下坚实的基础。

狭义的创业知识是指有关创业过程、步骤、方式等本身所用到的具体知识。比如大学生创业时机的选择、创业机遇的寻找、编写创业计划书注意要点、开办小型企业攻略、工商注册流程、向银行贷款等。

2. 创业知识内容。

（1）专业知识：是指与创业目标直接联系和发挥作用的知识体系，是从事某种行业所涉及的生产领域和销售领域中的知识，是从事创业活动最直接的知识。专业知识是人们长期的社会实践及社会分工的产物，在形式上表现为某种性质和类别的学科知识，如农学、医学、机械制造、信息技术、经济管理等。专业知识是相对而言的，即相对于从事活动领域的范围来说的，是与本领域研究的对象或从事本领域工作起直接指导作用的理论体系。

（2）创业经营管理知识：将创业构想转化为健康的企业实体的过程就是创业过程，这个过程要求创业管理者进行有效管理，即创业经营管理。这是一种以人为中心，有意识、有目的的行动和过程。创业管理者通过计划、组织、领导、控制、协调、分配等手段，对新创企业行为进行改善和促进，使其保证预期目标的实现。创业经营管理知识主要包括人员的管理、经营目标的管理、经营过程的管理、销售过程的管理等。

（3）法律知识：大学生创业除需要一定的专业知识和经营管理知识外，还需要相关的法律知识。大学生创业进程中自身能否具有法律看法和法律理性，能否了解和掌握与其创业相关的法律法规是依法创业的关键，因此大学生创业的法学教育就显得尤为重要。创业法律教育不只可以指点学生在校期间规避风险，也可以对学生走入社会后的独立创业起到很好的指点作用。大学生创业需要了解和掌握的法律主要有《劳动合同法》《商标法》《著作权法》《专利法》《民事诉讼法》《行政诉讼法》《仲裁法》《独资企业法》《公司法》《产品质量法》《票据法》《保险法》《反不正当竞争法》等。

（二）创业能力

1. 概念　创业能力指拥有发现或创造一个新领域，致力于理解创造新事物（新产品、新市场、新生产过程或原材料、组织现有技术的新方法），能运用各种方法去利用和开发它们，然后产生各种新的结果的能力。创业能力是个体进行开创性事业，实现自身价值的重要因素。大学生创业能力主要包括专业技术能力、决策能力、组织能力、信息能力、创新能力、学习能力等。

2. 主要内容。

（1）专业技术能力：是指创业者从事创业活动所需要的专业技能，是运用知识和技能完成创业活动的能力，是在专业知识的基础上形成的综合实践能力。创业所需的专业技术能力，主要是指能够将专业知识应用于生产实践，并能熟练地解决实际问题的能力，包括掌握专业知识和运用专业知识的能力。

（2）决策能力：是指创业者根据主客观条件，因地制宜地确定创业发展的方向、目标、战略以及具体选择实施方案的能力。决策能力是一个人综合能力的表现，一个渴求成功的创业者首先要成为一个坚定的决策者。

（3）组织能力：是指创业者为了有效地实现企业目标，运用行之有效的手段，把创业活动中的各个要素、各个环节，从纵横交错的相互关系上、从时间和空间的相互衔接上，科学高效地组织起来的能力。创业者突出的组织能力，可以使新创企业成为一个有机的整体。组织能力是保证创业活动能够高效率运转的能力。

（4）信息能力：是指对信息的获取、筛选、识别、加工和整合，进而创造新信息和新知识的能力。这是创业能力构成要素中一个很重要的方面，包括信息意识、信息获取能力、信息识别能力、信息接受能力、信息利用能力和信息创造能力等。

（5）创新能力：是指创业者在整个创业活动中善于敏锐地察觉旧事物的缺陷，准确地捕捉新事物的萌芽，提出大胆的、新颖的推测和设想，继而进行周密地论证，拿出可行的解决方案的能力。创新能力涉及到一个人的多种能力，如认知能力、观察能力、记忆能力、判断能力、分析能力、想象能力、实验能力、自学能力等，是一个人综合能力的具体体现。

（6）学习能力：在现代社会要想取得不断地成功，必须具备持续学习的能力。市场和行业的竞争日益激烈，大到一个企业，小到个人，要想争上游，那就必须比竞争对手更快地掌握知识，通过不断地学习使自己处于不败之地。对于大学生创业者而言，除了书本的理论知识，更要重视多方面学习能力的培养。

（三）大学生创业知识和能力的学习和培养

1. 以项目和社团为载体，学习创业知识，培养创业能力　鼓励学生创造性地投身于各种社会实践活动和社会公益活动，通过开展创业教育讲座、竞赛等方式，形成以专业为依托，以项目和社团为组织形式的"创业教育"实践群体，以此来激发大学生学习创业知识和培养创业能力的热情。以社团为载体充分发挥大学生的主体作用，组织开展创业沙龙、创业大赛等活动，充分发挥学生自我服务、自我教育功能，帮助大学生掌握创业知识，培养学生创业能力。

2. 构建创业教育课程体系，传授创业知识，培养创业能力　建立渗透创业教育内容的教育课程，在课堂上可考虑采用创业案例进行教学，向学生直观、生动地展示成功创业者所需的创业知识、创业能力、创业方法，培养学生良好的自主创业意识，树立全新的就业观念，启发学生的创业思路、拓宽其创业视野，培养学生创业的基本知识、能力和品质。

3. 创设创业环境类课程，掌握创业知识，熟练创业能力　在校园内设立"大学生创业孵化园区"，学生可以提出项目申请。方案获通过后的学生根据自己的能力开办一些校内公司或者由学校组织开办模拟公司，将学生实践能力和专业技能的培养与创业相结合。其运作程序符合企业行为，为学生提供了体验创业的平台，从而帮助大学生掌握创业知识，熟练创业能力。

4. 加强创业实践活动环节，丰富创业知识，提高创业能力　大学生通过参加各种专业竞赛和科研活动，如大学生课外科技作品竞赛和创业计划大赛，对于丰富大学生的创业知识和创业能力，锻炼和提高观察力、思维力、想象力和动手操作能力都是十分有益的。只有在大学生中形成浓厚的科技创新氛围，才能使更多的创新人才涌现出来。实践最能锻炼和培养一个人的才能，只有在实践中多看、多思、多问、多记、反复检验，反复调查，不断总结，吸取教训，才能从实践中摸索出真知。

第 2 节　创业团队

 案例 8-3

　　小勇同学作为一名药学三年级学生，即将面临毕业。面对竞争激烈的就业市场，小勇曾在医药零售商店实习较长时间，掌握了相关医药零售知识和管理知识，且自身家庭条件允许，他想开一家医药零售店。但孤掌难鸣，他想邀人一起创业，却不知如何组建团队。
　　请问：针对小勇同学的问题，你认为他应该在创业团队组成方面解决哪些难题？

一、创业团队的概念与特征

（一）创业团队的概念

　　狭义的创业团队是指有着共同目的、共享创业收益、共担创业风险的一群经营新成立营利性组织的人。他们提供一种新的产品或服务，为社会提供新增价值。广义的创业团队不仅包含狭义创业团队，还包括与创业过程有关的各种利益相关者，如风险投资商、供应商、专家咨询群体等。

　　大学生团队，是在大学生创业的基础上发现和把握商业机会，由几个有共同的目标、并有相同的价值观组建的大学生创业团队，这个团队特点是成员素质普遍较高，都接受过专业领域的系统学习和训练，能较快地实现自身的创业目标。大学生创业团队之间既有竞争又有不同行业间的互助，这是与以往传统的创业模式不同的。

（二）创业团队的特征

　　一个渴求成功的创业者需要知道如何管理团队，并具备领导团队运作的能力。一般而言，处于良性运转的高绩效团队往往具有一些显著的特征，而正是由于这些特征，一个群体组织才能称之为团队或高绩效团队。

　　1. 目标清晰　高效的团队对于要达到的主要目标有清楚的了解，并坚信这一目标包含着重大的意义和价值。清晰的目标激励着团队成员把个人目标升华到团队目标中去。

　　2. 技能互补　高效团队是由一群有能力的人组成的，他们具备实现理想目标所必需的技术和能力，而且相互之间有良好合作的个性品质，能够出色完成任务。

　　3. 沟通良好　成员之间通过畅通的渠道交换信息，互相之间能迅速、准确地达成一致的意见。管理层与团队成员之间有着健康的信息反馈，有助于管理者指导团队成员行动。

　　4. 承诺一致　团队成员对群体具有认同感，把自己在该群体中的身份看做是自我价值实现的一个途径。因此，成功创业者经验指出，承诺一致的表现是团队成员对团队目标的奉献精神，即愿意为实现目标而调动和发挥自己的最大潜能的行为。

　　5. 恰当领导　高绩效团队领导者往往担任的是教练和后盾的角色，他们对团队提供指导和支持，但并不试图去控制它。他们鼓舞团队成员的自信心，帮助其更充分地了解自己的潜能。

　　6. 相互信任　团队成员之间相互作用、直接接触，相互影响，形成一种默契，关心和信赖彼此。不论何时，不论需要怎样的支持，成员之间都相互给予、彼此协作，共同完成团队目标。

二 创业团队的形成与条件

> **链接**
>
> **创业伙伴**
>
> （1）创业伙伴的重要性。
>
> 全球化与互联网时代的特点就是即便你已经专注于某个很有意思的领域，而且创意不断，还是会有非常多的竞争对手同时参与进来。不管你正在从事哪一领域，创新的半衰期都是如此之短。如果你能开发出特别吸引用户的功能，产品就可以一夜成名，同样很快就会过时。如果缺少快速跟进的创新，你很容易就会出局。如何跟上时代的步伐？答案是依靠一个能力互补的强大团队。凭借一个人的力量是无法建立伟大公司的，"选择了正确的团队，就是完成了80%的工作。"这是很多风险投资家投资企业时的经验之谈。
>
> （2）创业伙伴的条件。
>
> 创业团队价值观基本一致，即大家明确创业目的，以及长、中、短线目标并且达成统一，这点不是务虚，而是为长久的捏合队伍。
>
> 创业团队成员在业务上互补，即分别在技术、市场、运营等环节能独当一面。首先是一个优秀的职业经理人，然后才能做好创业者。
>
> 创业伙伴之间最好在做事风格方面互补，例如实干型、智慧型相结合。
>
> （3）创业伙伴的寻找。
>
> 第一，互联网。互联网是一个非常好的平台，现在已经有成熟的平台帮助创业者寻找创业伙伴，比如创业伙伴网。
>
> 第二，投资公司。现在很多天使投资公司在寻找可以投资的项目，大学生创业者可以尝试和他们联系争取合作。
>
> 第三，电视媒体。《赢在中国》《谁来一起午餐》等都是非常好的创业节目，可以找到很多优秀的创业合作伙伴。

（一）创业团队的形成

创业团队的形成方式多种多样。有些团队的形成是由于地缘、共同兴趣或在一起工作的原因。共同的兴趣可能只是团队成员想要开办一个企业，或者是一个对市场需求做出反应的创意，成员们都相信这个创意。有些团队是由于过去的友谊，例如室友或同学之间。通常情况下，创业团队的形成过程有两种典型方式，一种是一个人有了一个创意，或只是想创办一个企业，然后几个熟人在接下来的企业形成过程中加入进来。另一种是一个完整的团队基于一个共同的创意、一种友谊、一段经历等类因素从创业开始就形成。

创业团队的组建是一个动态过程，它应遵循"按需组建、渐进磨合"的要求，逐步实现相对稳定。按照高绩效创业团队形成的过程，团队形成主要经过以下过程。

1. 明确创业目标　创业团队目标的确立建立在审慎的市场分析基础上，这个目标要有挑战性，可以激发未来团队成员的斗志和兴趣。总目标确定之后，为了推动团队最终实现创业目标，再将总目标加以分解，设定若干可行的、阶段性的子目标。

2. 制订创业计划　在确定了各个阶段性子目标以及总目标之后，紧接着就要研究如何实现这些目标，这就需要制订周密的创业计划。创业计划是在对创业目标进行具体分解的基础上，以团队为整体来考虑计划，创业计划确定了在不同的创业阶段需要完成的阶段性任务，通过逐步实现这些阶段性目标来最终实现创业目标。

3. 选择成员组织团队　选择团队成员是组建创业团队的关键一步，优秀的创业团队成员各有各的长处、相得益彰。选择时主要应考虑两个方面问题：一方面，考虑互补性，即考虑其能否与其他成员在能力或技术上形成互补，一般而言，一支创业团队需要具备一个有创新意识的人、一个有策划能力的人和一个有执行能力的人，规模宜控制在 3～12 人之间最佳。另一方面，主需要注意的是，在一个创业团队中，不能出现两个核心成员位置重复的可能性，也就是说，应着力避免有两位成员的主要能力完全一样。

4. 明确职责和角色定位　团队成员间职责的划分必须明确，既要避免职责的重叠和交叉，也要避免有些工作无人承担，造成疏漏。创业团队在创业行动和市场中定位也必须明确，要立足市场，结合实际，遵循经营管理规律和市场规律。当然，团队成员的职责和角色定位可以根据创业环境的改变和创业需要，进行动态化的调整。

5. 构建团队规范制度　无规矩不成方圆，这种规范主要是指科学的绩效考核机制，主要包括激励和约束机制。激励机制包括利益分配方案、考核标准、团队文化的建立等。约束机制包括纪律条例、组织条例、财务条例、保密条例等。通过建立完善的绩效考核机制，并形成制度化、规范化，以充分调动成员的积极性，维护团队的相对稳定。

6. 团队的渐进磨合　我们常说，希望保持创业团队的稳定，但这种稳定并不是指一成不变，而是一种"动态的稳定"。随着团队的运作，团队组建时在人员匹配、职权划分、规范制定等方面的不合理之处会逐渐暴露出来，这时就需要对团队进行调整融合。但由于问题的暴露需要一个过程，因此团队调整融合也应是一个动态持续渐进的过程。团队的建设不是一步到位的，在进行团队调整融合的过程中，最为重要的是要保证团队成员间经常进行有效的沟通与反馈，培养强化团队精神，提升团队士气。

（二）创业团队的形成的条件

一个创业团队要想形成并成功创业，需要具备相应的条件。

1. 共同的创业理念　创业理念决定着创业团队的性质、宗旨和并且关系到创业的目标和行为准则。这些准则指导着团队成员如何工作和如何取得成功。从某种意义上讲，创业理念甚至比机会、商业计划、融资等细节问题更为重要。共同的创业信念是组建团队的一个基本准则，创业团队成员需要拥有共同的价值观，把个人目标整合到组织目标中，增强团队的凝聚力。一个团队如果失去了凝聚力，就不可能完成任务，本身也就失去了存在的价值。

2. 组成人员　人是构成团队最核心的力量。两位及以上数量的人就可以构成团队。目标是通过人员具体实现的，所以人员的选择是团队得以形成的重要部分。在一个团队中可能需要有人出主意，有人定计划，有人实施，有人协调不同的人一起去工作，还有人去监督团队工作的进展，评价团队最终的贡献。不同的人通过分工来共同完成团队的目标，在人员选择方面要考虑人员的能力如何、技能是否互补、经验如何等。

3. 相互信任　要建设一个具有凝聚力并且高效的创业团队，一个很重要的条件，就是建立相互信任。这不是任何种类的信任，而是坚实地以人性脆弱为基础的信任，这意味着一个团队成员必须学会自如地、迅速地、心平气和地承认自己的错误、弱点、失败，还要乐于认可别人的长处。只有这样团队才能有长久的合力。

4. 沟通流畅　信息社会里，信息与情感的有效沟通成为必须。成员之间的沟通有利于成员对团队任务的理解和彼此进展情况的了解，从而利于成员及时对自己的工作进行适当调整，更好地完成团队任务。在有效沟通的基础上，个体和团队才能维持相互信任，增强个体对团队的归属感。当出现不同意见时，优秀的团队并不回避，而是进行充分的沟通和交流，最后达成一致意见。因为大家是基于共同的利益，不是个人利益，所以能够畅所欲言、坦诚相见。

5. 合理的决策机制　要成为一个具有凝聚力的团队，团队的核心人物必须学会在没有完善的信息、没有统一的意见时科学地做出决策，只要自己认为对的事情，必须说服大家付诸行动。而正因为此，决策就成为一个团队最为关键的行为之一。

6. 良好的激励机制　良好的激励机制是组建创业团队必须考虑的重要条件。在企业中形成一种赏罚分明的企业文化，也是保持企业活力、增强团队凝聚力的一种明智之举。

7. 严格的规章制度　顺畅地实施团队计划，挖掘团队各要素的最大潜力，是组建和管理团队的思考着力点。规章制度所具有的明确性的特点，有助于规范团队内部各成员的行为，使每个人都能恪尽职守，各司其职，并上升为完整的企业文化。这样在企业发展壮大后，才不会出现因利益分配分歧产生团队之间的矛盾。

8. 坚定不移地行动　有了决策，还需要严格地执行，执行力也是一种显著的生产力。创业团队需要每个人都要具有强烈的责任心和事业心，对于团队制定的目标能够在理解、把握、吃透的基础上坚定不移地贯彻执行下去，对于过程中的每一个运作细节和每一个项目流程都要落到实处。

 创业团队的管理与发展

（一）创业团队的管理

创业团队组成以后，关键就是如何对团队进行管理。只有科学管理才能使创业团队处于良性发展，创业才能真正成功。

1. 重视创业团队精神的培育　创业企业只有在目标的认同上凝聚在一起，才能形成坚强的团队，团队成员也才能团结奋进。因此，在创业过程中要培育共同的企业价值观，要强化领导者自身的影响力，要激发团队成员参与热情，要树立团队成员共同的危机和忧患意识，要使团队成员具有良好的协调和沟通能力。

2. 强化创业者的产权安排　产权是经济所有制关系的法律表现形式，它包括财产的所有权、占有权、支配权、使用权、收益权和处置权。在市场经济条件下，产权的属性主要表现在三个方面：产权的经济实体性、可分离性和产权流动的独立性。产权的功能包括：激励功能、约束功能、资源配置功能和协调功能。创业者在安排产权的问题上应遵循以下原则：拥有完整的法人财产权利，有利于凝结创业团队，有利于获取创业需要但自己未直接掌握的关键资源，有利于关键人员掌握企业剩余的控制权和索取权，有利于提高创业活动的效率等原则。

3. 创业团队的绩效评估与激励　绩效评估，又称绩效考评、绩效考核、绩效评价、员工考核等。是一种正式的员工评估制度，也是人力资源开发与管理中一项重要的基础性工作，旨在通过科学的方法来评定和测量员工在职务上的工作行为和工作效果。

激励的目的是为了调动企业成员工作的积极性，激发他们工作的主动性和创造性，以提高组织的效率。创业者应从企业自身的特点出发，设计激励措施来激励组织成员。通过创业团队的绩效评估与激励来提高团队成员创业积极性，取得良好创业效果。

4. 创业团队风险规避　新企业创办和实施过程中总会遇到一些问题。企业可能尚未成立就胎死腹中,也能在成立初期夭折,或者陷于长期烦恼的分裂冲突与争权夺利中无法自拔。发展中的有些问题即便不会摧毁一个企业,也必定会严重地损害其发展潜力。这就是所谓的创业团队危机。创业团队危机达到一定程度时会成为创业的最大风险。对于创业团队风险因素,团队领导者和团队成员都要保持高度警惕性,尽可能加以避免。

创业团队的组建并非一蹴而就,往往是在新企业发展过程中才逐渐孕育形成并日趋完美。在这一过程中,创业成员可能因为理念不合等原因而不断更替。只要团队领导和团队成员在创业中加强管理,提高凝聚力,规避各种风险,创业就会取得成功。

（二）创业团队发展

根据经典的团队发展过程理论,创业团队的发展往往分成几个阶段。根据每个阶段的团队标志特征以及典型行为可以分为以下几个阶段。

1. 启动阶段　该阶段的显著标志是团队缺乏一起创业的经验,但对诱人机会在未来可能的成功带来的高回报充满憧憬。此时,团队最主要的任务是降低不确定性,在团队内部相互考验和评价,培育一起工作的经验。同时发展有用的外部社会网络。

2. 成长导向阶段　在这个阶段团队是以集体成长导向为标志的,但是相互之间不知道如何获得成长且不清楚企业未来的发展方向。在这个阶段中,团队对外开始聚焦于发展资源、知识和技能以便在市场上有效竞争。对内开始着手共同应对可能碰到的各种事件,并对将来的发展和当前的业务进行思考。

3. 愿景阶段　这个阶段团队已经形成一个共享的清晰的商业愿景。团队一方面要把愿景分解成一系列可达成的目标,并且考虑实施方案。另一方面团队需要明确团队成员的任务与角色,界定其职责,同时深入了解团队成员的个体差异,预判这些差异对团队行为和团队过程可能的影响。

4. 制度化阶段　这个阶段的特征是创业团队成员从对新创企业的创立者的忠诚转变为对当前事业及其未来发展方向的关心,即不是关心创业主导者个人的雄心和价值观而是整个组织的未来发展。

在启动阶段和成长阶段中,可能因为处于磨合期,创业团队比较容易出现导致发展障碍的功能失调问题,包括人际关系和决策冲突等。在企业的发展的过程中,团队中的内讧通常关系到企业的存亡。因此,在创业发展过程中,团队成员间人际作用过程的质量（尤其是团队领导和团队承诺）,往往与创业项目的成败紧密相关。所以必须予以足够的重视。

第3节　创业成才

● 案例 8-4

小方同学作为一名即将毕业的大学生,联合了几位志同道合的同学,准备在校园开办一个以专升本和考研为主的学习吧,但对于怎样开办这个学习吧,怎样规避各种创业风险,怎样才能创业成才,他们心中并无答案,因此忐忑不安。

请问：小方同学在创业过程中,如何撰写创业计划书,如何规避创业风险?

一、创业计划书的撰写

（一）创业计划书的含义

创业计划书是一份全方位的商业计划，其主要用途是递交给投资商，以便于他们能对企业或项目做出评判，从而使企业获得融资。它是用以描述与拟创办企业相关的内外部环境条件和要素特点，为业务的发展提供指示图和衡量业务进展情况的标准。通常创业计划是结合了市场营销、财务、生产、人力资源等方面计划的综合规划。

（二）创业计划书内容

1. 计划摘要　计划摘要列在创业计划书的最前面，它浓缩创业计划书的精华部分。计划摘要涵盖了计划的要点，以求一目了然，以便读者能在最短的时间内评审计划并做出判断。计划摘要一般包括以下内容：公司介绍，主要产品和业务范围，市场概貌，营销策略，销售计划，生产管理计划，管理者及其组织，财务计划，资金需求状况等。

2. 创业项目介绍　在进行创业项目评估时，投资者关心的问题是，创业项目的产品、技术或服务能否，以及在多大程度上解决现实生活中的问题；或者创业项目的产品（服务）能否帮助顾客节约开支、增加收入。因此，创业项目介绍是创业计划书中必不可少的一项内容。通常，创业项目介绍应包括以下内容：创业项目的概念、内容及特点；创业项目情况介绍；创业项目的市场竞争力；创业项目的研究和进展过程；发展创业项目的计划和成本分析；创业项目的市场前景预测；创业项目的品牌和专利。

3. 组织结构及人员　在创业项目的生产活动中，存在着人力资源管理、技术管理、财务管理、作业管理、产品管理等环节，每个环节都很重要。其中投资人非常看重创始人背景和产品的前景，如果创始团队背景非常亮眼或者创始人极具魅力，都很容易取得投资人的信任和关注，自然也会比较容易拿到投资。另外，在这部分中，还应对公司结构做一简要介绍，包括：公司的组织机构图；各部门的功能与责任；各部门的负责人及主要成员；公司的报酬体系；公司的股东名单，包括认股权、比例和特权；公司的董事会成员；各位董事的背景资料。

4. 市场预测　当创业团队要进行创业时，首先就要进行市场预测。如果预测的结果并不乐观，或者预测的可信度让人怀疑，那么投资者就要承担更大的风险，这对多数风险投资家来说都是不可接受的。在创业计划书中，市场预测应包括以下内容：市场现状综述；竞争厂商概览；目标顾客和目标市场；本企业产品的市场地位；市场价格和特征等。

5. 营销策略　营销是企业经营中最富挑战性的环节，是影响创业项目是否成功的重要因素，因此创业项目的创业团队在撰写创业计划书时要给予重视。在创业计划书中，营销策略应包括以下内容：市场机构和营销渠道的选择；营销队伍和管理；促销计划和广告策略；价格决策。

6. 制造计划　创业计划书中的生产制造计划应包括以下内容：产品制造和技术设备现状；新产品投产计划；技术提升和设备更新计划；质量控制和质量改进计划。

7. 财务规划　财务规划需要花费较多的精力来做具体分析，其中就包括现金流量表、资产负债表以及损益表的制备。流动资金是企业的生命线，因此企业在初创或扩张时，对流动资金需要有预先周详的计划和进行过程中的严格控制；资产负债表则反映在某一时刻的企业状况，投资者可以用资产负债表中的数据得到的比率指标来衡量企业的经营状况以及可能的投资回报率；损益表反映的是企业的赢利状况，它是企业在一段时间运作后的经营结果。财务规划一般要包括以下内容：创业计划书的条件假设；预计的资产负债表；预计的损益表；现金收支分析；资金的来源和使用。

8. 风险与风险管理　　创业者在创业过程中，会遇到各种创业风险，这些风险可能直接导致创业项目失败，因此在计划书中要予以重视。创业计划书中关于创业风险与风险管理的描述主要包含以下内容：创业项目在市场、竞争和技术方面的风险；创业团队应付风险的策略；就创业团队看来，创业项目的附加机会；在创业项目资本方面进行扩展的方法；在最好和最坏情形下，创业项目五年计划等。

（三）创业计划书撰写

准备创业计划书是一个展望项目的未来前景，细致探索其中的合理思路，确认实施项目所需的各种必要资源，再寻求所需支持的过程。

需要注意的是，并非任何创业计划书都要完全包括上述大纲中的全部内容。创业内容不同，相互之间差异也就很大。创业计划书的撰写可分以下几个阶段。

第一阶段，经验学习。

第二阶段，创业构思。

第三阶段，市场调研。

第四阶段，方案起草。

写好全文，加上封面，将整个创业要点抽出来写成提要，然后按下面的顺序将全套创业方案排列起来。

（1）市场机遇与谋略。

（2）经营管理。

（3）经营团队。

（4）财务预算。

（5）其他与听众有直接关系的信息和材料，如企业创始人、潜在投资人、甚至家庭成员和配偶。

第五阶段，最后修饰阶段。

此阶段首先应根据你的报告，把最主要的东西做成一个1～2页的摘要，放在前面。其次，检查一下，千万不要有错别字之类的错误，否则别人对你是否做事严谨会持怀疑态度。最后，设计一个漂亮的封面，编写目录与页码，然后打印并装订成样书。

第六阶段，最终再次检查。可以从以下几个方面对创业计划书加以检查。

（1）是否显示出你具有管理公司的经验。

（2）是否显示了你有能力偿还借款。

（3）是否显示出你已进行过完整的市场分析。

（4）描述性内容是否容易被投资者读懂。创业计划书应该备有索引和目录，以便投资者可以较容易地查阅各个章节。还应保证目录中的信息流是有逻辑的和现实的。

（5）是否有计划摘要并放在了最前面，计划摘要相当于公司创业计划书的封面，投资者首先会看它。为了保持投资者的兴趣，计划摘要应写得引人入胜。

（6）是否在文法上全部正确。

（7）能否打消投资者对产品（服务）的疑虑。如果需要，你可以准备一件产品模型。

二 创业风险的防控

（一）创业风险内涵

创业风险是指在企业创办过程中存在的风险，是指由于创业环境的不确定性、创业机会与创业企业的复杂性，创业者、创业团队与创业投资者的能力偏离预期目标的可能性。

（二）创业风险类型

1. 财产风险　是在企业的经营活动中，出现导致一切有形财产的毁损、灭失或贬值的可能性。凡是拥有财产，这种风险无论是任何企业和个人都会存在的。

2. 市场风险　是指创业企业从事经济活动所面临的亏损的可能性和盈利的不确定性而存在的创业风险。实践证明，市场风险是导致新产品、新技术在商业化、产业化过程中暂停甚至失败的核心风险之一。

3. 环境风险　是指外部因素影响创业发展而带来的风险。包括政治因素、经济因素、技术因素、人口因素、自然因素、社会文化因素等。

4. 人力资源风险　是指由于人的因素，包括创业者、创业团队中的主要成员对创业发展产生不良影响或偏离经营目标的潜在可能性。这类风险可能是由于创业团队的不和谐、不忠诚造成，也可能是由于人员流失造成。

5. 财务风险　是指因资金不能及时供应而导致创业失败的可能性。

6. 技术风险　是指在创业者所依靠的技术上存在着的不可靠性、不稳定性而导致创业失败的可能性。其风险需要从技术特点的无形性、专有性、地域性、时间性、可复制性等方面来考虑。

7. 管理风险　是指在创业过程中，经营管理者因管理不善而带来的风险。

（三）创业风险防范

风险的存在是必然的。面对风险，要克服畏难情绪和惧怕心理，胆子要大、步子要稳，要迎着风险、迎着困难上。因此，大学生创业应在各个环节做好风险的防范。

1. 大学生自身素质的提升　大学生创业所存在的风险往往是由大学生这个特殊的群体在创业过程中具有的劣势造成的。因此，想要规避风险，就必须从实际出发，提升大学生自身能力，具备创业所需的技能与素质。人们分析了众多大学生创业成功的案例，发现他们成功创业可以归因于以下几方面的能力：创新能力、策划能力、组织能力、领导能力、管理能力以及公关能力。也只有这几方面的能力同时具备，大学生在创业中才能技高一筹，降低失败的概率。

2. 准备好创业必备的硬件　俗话说"巧妇难为无米之炊"。没有充分的硬件准备，再好的创意也难以转化为现实的生产力，再优秀的人才也没有用武之地。大学生创业所需要具备的硬件主要是经验、资本和技术。经验的积累要避免陷入眼高手低、纸上谈兵的误区；资金为成功创业建立物质基础；技术则是大学生想要在高科技领域占有一方天地的王牌。

3. 进行风险意识教育　各高校可以有计划地开设关于创业风险防范的课程，通过对实际案例展开分析让大学生体会创业活动的复杂性，让其能够清醒地认识创业历程中存在的风险，学会防范和应对创业过程危机，指导大学生在创业前期、创业中对待和化解创业风险，促进大学生进行创业能力的自我培养和技能的提高。

4. 了解政策和相关法律　近年来，为支持大学生创业，各级政府出台了许多优惠政策。

只有了解这些政策，才能走好创业的第一步。同时，大学生应该要学习相关的法律知识，如工商注册登记、经济合同和税务等法律知识，这些是大学生创业过程必备的知识。只有懂法、守法，并依据法律保护自己的合法权益，才能确保创业的步伐稳健而有力。

5. 创业不同阶段注意风险问题　　当然，真正实际操作进行创业时，无论是在创业前期的准备、创业中期的运行还是创业后期的完善也都有许多问题需要注意。在创业前期，要谨慎选择项目，避免盲目跟风，合理组建团队，避开熟人搭伙，注重实践磨炼，回避准备不足。在中期，要强化内部管理，培养骨干队伍，积极参与竞争，杜绝急功近利，加强内涵建设，创立品牌形象。在创业后期，面对"守业"的艰巨任务，要懂得建立激励机制，凝聚创新人才，尝试权力授予，完善组织架构，逐步合理扩张，健全制约机制。如此，才能算得上成功创业。

三　创业成就不一样人生

哈耶克曾经说："一个伟大的社会必须是鼓励所有人在所有可能的方向上充分创新的社会。"而这正是当前大学生在创业、创新、发展方面所拥有的社会机遇和时代条件。党和国家提出"大众创业、万众创新"的发展战略，出台了鼓励大学生创业的优惠政策，提供了一系列帮助大学生创业的相关平台，举行了一系列大学生创业竞赛活动，为大学生创业梦想的现实孵化提供了相对优化的环境和平台。因此，当代大学生恰逢其时，只要大胆创新，积极创业，积极投身社会实践，必能成就不一样人生。

（一）燃烧创业激情，成就创业梦想

正所谓，激情成就梦想，梦想胜过黄金。每个年轻人心中可能都怀抱坚定而深藏的创业梦想，创业成为越来越多的大学生思考和实践着的毕业归宿。创业的果实吸引着大学生跃跃欲试的心，富有梦想和拼劲的大学生们迫不及待地想去实现自己的创业梦，但创业梦想放飞之后将是一个实实在在地在疲惫乃至伤痛中学习与成长的过程。

因此，要抓住时代机遇，实现创业梦想。我们生活在一个充满变革与创新的时代、一个经济迅速崛起并持续发展的社会。时代和社会的现实态势与需求证明，创业已成为时代发展的鲜明主题之一，成为更高层面的发展选择。在日益复杂的市场环境和就业竞争形势下，创业为青年大学生提供了一条开放性和创新性的发展道路。

总之，面对创业发展的时代机遇和日益优化的创业宏观、微观环境，无论是在校大学生还是刚刚步入社会的毕业生，只要怀揣着梦想就应该认真思考创业问题，在主客观条件成熟的情况下，积极把握发展机遇，将创业梦想转化为创业现实。

（二）培养创新精神，激发创业动力

创新是一个民族进步的灵魂，是国家兴旺发达的不竭动力。创新是知识经济的主旋律，是企业化解外界风险和取得竞争优势地位的有效途径。创新意识是大学生自主创业不可或缺的部分，它包括欲望、决心、热情、责任感、冒险精神和创业理念等。

对大学生而言，要想成功创业，应该在大学期间重点培养自己在创新方面的素质和能力。首先，要具有广博的知识和熟练的专业技能，在需要创新的时候，能灵活地将自己掌握的知识付诸实践。其次，要善于思考，培养发散性思维，注意从不同的方向、途径和角度去设想，探求多种答案，最终使问题获得圆满解决。再次，是善于思考，深化认识，通过对照比较、归纳概括、融会贯通、举一反三、创新发展，才能变成自己的东西，创出新的观点，形成新的理论。最后，是追随自己的兴趣爱好，只有自己真正喜欢做的事情，才能做到最好，做到完美。

（三）培养创业品质，夯实创业基础

创业能否成功，与创业者的素质关系极大。根据我国的创业环境及众多成功案例，大学生要创业，应该着重培养自己的基本素质。

一方面，要有明确的创业意识，在创业意识支配下，人的创业动机、创业兴趣、创业理想可以转化为一种精神，相信自己有能力开创未来的事业，认识到自己具有独立的人格，善于进行独立的选择，采取独立的行动，不受传统和世俗偏见的束缚及舆论、环境的影响，在自己的努力和奋斗实践中增强自己的能力，创建事业基础。这种创业意识、创业精神是创业者应具备的素质。另一方面，要培养优秀的创业品格。大学生创业过程充满困难、挫折甚至失败，这就要求自主创业的大学生要具备顽强的意志和良好的品格。

（四）提升创业能力，铺平创业之路

当今社会为创业提供了诸多有利的条件和机遇，但我们先应该注重知识的积累和技能的培养，调整好心态，掌握好学习方法，树立正确的价值观，充分利用现有条件，抓住机遇，在此基础上进行大胆艰苦的尝试，勇于在实践中磨炼，成为高素质的创业者。我们更要正直、守信、有责任感，积极参加各种实践活动，培养自己的团队意识，加强意志锻炼，培养健全的体魄，培养敏锐的商业意识及自我实现欲和创新精神。在锻炼和培养自己的创业才能时，要通过创业实践来增长才能，以求得创业才能的综合提高。

（五）参加创业实践，成就成功人生

创业实践是学习创业知识的最好途径。创业实践主要可借助学校举办的某些课程的角色性、情景性模拟参与来完成。例如，积极参加学校有关创业的选修课程及校内外举办的各类大学生创业大赛、创业计划书大赛、发明专利展赛、工业设计大赛等，对先导企业家成长经历、对先导企业经营案例开展系统研究等，还可利用课余、假期在外进行兼职打工、求职体验、参与策划、参与市场调研、试办公司、试申请专利、试办著作权登记、试办商标申请、业余参加某些职业知识与证书培训等，也可通过举办创意项目活动、创建电子商务网站、尝试做自由撰稿人等多种方式来进行实践。

大学生通过校内外创业实践，有了创业激情，培养了创业意识，领会了创业精神，掌握了创业知识，具备了创业能力，了解和掌握了创业的流程和技巧，这对于大学生积极投身到具体的创业活动，成功创业成就不一样人生，意义重大。

创业，是一个青年人热衷的话题，它承载着许多青年人的理想。当前，在市场竞争日益激烈、商业环境愈加复杂的形势下，青年创业热潮依然激荡不休、此起彼伏。马云谈创业时强调："今天很残酷，明天很残酷，但后天很美好，大多数人都死在了明天晚上，看不见后天的太阳。"创业需要青年大学生用激情、目标、行动、意志的统合支撑才能看到"后天"的美好。在经历最初的创业磨炼之后，越来越多的青年大学生对成功、追求、梦想、信念、意志、品质等有了更为深刻的理解，在创业中逐渐成长、成熟、成功、成才。大学生创业虽然步履艰辛，但只要拥有持续的创业激情、明确的创业目标、务实的创业行动、坚定的创业意志以及持续的创新能力、不懈的探索勇气，就一定就能在创业路上迎来春暖花开，成就辉煌人生。

> **链接**
>
> ### 大学生创业须知
>
> 1. **多学多问，虚心请教** 学习一直是成功人必备的品质，尤其对于缺乏社会经验的大学生创业群体，学习不但不可放下，而且应该是多方面并且有实效的。做事不能一意孤行，要向别人多多请教，不只囿于成功的创业前辈，还可以是你的目标消费者，他们也是你的创业导师。
>
> 2. **耐住性子，不可冲动** 冲动是很多年轻人的共性，而对于创业投资来说要耐住性子，行事千万不能冲动。要多思多虑，年轻人创业本身就是有风险的事，所以后期经营过程中更应该深思熟虑，做有把握的事。
>
> 3. **勇于承担，负责到底** 一个成功的领导者必不能少的品质就是勇于承担，不论失败成功，不能责怪别人或是怨天尤人，要多从自己身上找原因，错了就是错了，要敢于担当。
>
> 4. **认识并接受人的本性** 大学生沉浸在校园简单的人际交往中，步入社会经验不足，所以在前期人际交往中一旦受挫，情绪和思想浮动会很大。大学生创业群体一定要认识社会，学会正确接受人的本性。
>
> 5. **有大局意识，不能只顾眼前** 古人云：做长久之事，行事须看到五步之外，知所谓深谋远虑是也。大学生在创业的时候不能只看到一时得失，行事考量等都需往长远看，做合理的投资。
>
> 6. **向竞争者学习** 竞争者虽然会在短期内给自己造成压力。但成功抑或是失败的竞争者都可以成为自己创业的教材。而且通常近地域和相似性，更加可以让自己清楚地看到自己经营的好坏。
>
> 7. **不可任意挥霍，合理理财** 创业是一个很需财力的投资过程，所以一定要克制自己。用钱的地方很多，一定要花到实处，绝不可以任意挥霍。
>
> 8. **有从屡次挫败中爬起的勇气** 数据表明，大学生中成功创业者往往不到两成。既然失败的可能性很大，所以一旦面临失败，绝不能灰心丧气！依然要保持热情，就算创业不成，也可转向工作或其他行业！力求在工作中磨炼自我！使自己重回创业的舞台，成就另一番辉煌人生。

> **思考与讨论**
>
> 1. 什么是大学生创业？大学生创业需要做好哪些准备？
> 2. 用所学的关于大学生创业的知识，评估一下自己今后的创业生涯。
> 3. 假如你打算创业，与同学讨论并分享以下问题。
>   (1) 你的创业理想是什么？
>   (2) 你在创业每个阶段中期待的成果是什么？
>   (3) 你的创业能成功吗？

（刘永仓）

教学基本要求

（32课时）

 课程性质和课程任务

《职业生涯规划与就业创业指导》是一门公共必修课程。本课程主要内容包括职业生涯规划和就业创业的基础知识、相关理论和方法、基本技巧。本课程的主要任务是引导大学生理性规划自身发展，在学习过程中自觉提高就业能力和生涯管理能力，有效促进大学生求职择业与自主创业。

 课程教学目标

（一）知识教学目标

1. 理解职业生涯规划的基本内涵、作用和特点。
2. 掌握职业生涯规划的原则、步骤和方法、路径和措施。
3. 了解当前大学生就业形势与政策。
4. 了解当前大学生创业形式与政策。
5. 了解职业生涯规划在个人成长及职业发展进程中的重要性和必要性。

（二）能力教学目标

1. 能充分认识自己的特性、职业的特性以及社会环境。
2. 能较好的收集并运用就业信息、制作简历。
3. 能较好运用求职择业的基本常识和技巧。
4. 能较好运用创业的基本常识。

（三）思想教育目标

1. 树立起职业生涯规划的自主意识。
2. 树立积极正确的人生观、价值观和就业观念。
3. 具有良好的职业道德。

三、教学内容和要求

教学内容	教学要求			教学活动参考
	了解	理解	掌握	
一、规划我的大学				理论讲授 多媒体
（一）规划我的大学学业				
1.学业规划步骤			√	
2.学业规划的意义		√		
（二）规划我的大学生活				
1.大学生活规划内容			√	
2.大学生活规划的意义		√		
二、职业生涯规划的内涵与原则				理论讲授 多媒体
（一）职业生涯规划的概念和作用				
1.职业生涯规划的基本概念	√			
2.职业生涯规划的作用		√		
（二）职业生涯规划的分类和原则				
1.职业生涯规划的分类	√			
2.职业生涯规划的原则		√		
三、职业生涯规划的步骤和方法				理论讲授 多媒体
（一）职业生涯规划的步骤				
1.评估自我转变角色			√	
2.认识职业了解环境			√	
3.确立目标制定方案			√	
（二）职业生涯规划的决策方法				
1.职业生涯决策类型	√			
2.职业生涯决策原则		√		
3.职业生涯决策方法			√	
四、职业生涯规划的制定与实施				理论讲授 多媒体
（一）职业生涯规划书的制定				
1.职业生涯规划书的作用	√			
2.职业生涯规划书写作的原则		√		
3.职业生涯规划书写作的技巧			√	
4.职业生涯规划书写作示例			√	
（二）职业生涯规划的实施				
1.职业生涯规划措施	√			
2.制定发展措施的重要性		√		
3.职业生涯规划措施的要素	√			
4.制定发展措施的思路			√	

续表

教学内容	教学要求			教学活动参考
	了解	理解	掌握	
五、就业形势与政策				理论讲授 多媒体
（一）就业现状与形势				
1.我国大学生就业形势	√			
2.我国大学生就业政策			√	
（二）树立科学的就业观				
1.做好就业的心理准备		√		
2.树立科学的就业观念			√	
六、就业求职准备与面试技巧				理论讲授 多媒体
（一）就业信息收集与求职简历的制作				
1.就业信息的收集			√	
2.求职简历的制作			√	
（二）面试的策略与技巧				
1.面试的准备		√		
2.面试的礼仪			√	
3.面试的常见问题与技巧			√	
七、创业形势与政策				理论讲授 多媒体
（一）创业现状与形势				
1.我国大学生创业形势	√			
2.我国大学生创业政策			√	
（二）树立科学的创业观				
1.做好创业的心理准备		√		
2.树立科学的创业观念			√	
八、创业与发展				理论讲授 多媒体
（一）创业准备				
1.创业条件与环境	√			
2.创业意识与精神		√		
3.创业知识与能力			√	
（二）创业团队				
1.创业团队的概念与特征	√			
2.创业团队的形成与条件		√		
3.创业团队的管理与发展			√	
（三）创业成才				
1.创业计划书的撰写			√	
2.创业风险的防控			√	
3.创业成就不一样人生		√		

四 学时分配建议（32 学时）

序号	教学内容	学时数		
		理论	实践	合计
1	规划我的大学	2		
2	职业生涯规划的内涵与原则	2		
3	职业生涯规划的步骤和方法	2		
4	职业生涯规划的制定与实施	2	2	
5	就业形势与政策	2		
6	就业求职准备与面试技巧	4	4	
7	创业形势与政策	4		
8	创业与发展	4	4	
	总计	22	10	32

五 说明

1. 本课程教学基本要求对理论知识的要求分了解、理解和掌握三个层次：

了解：能说出"是什么"，能记住学过的知识点。

理解：懂得"为什么"，能领会其中的含义，并解释知识点的内容。

掌握：能够"应用"，能综合运用知识解决问题。

2. 教学过程应运用案例分析、角色扮演、参观和讨论等方法组织教学。

3. 可通过课堂提问、作业、情景表演及项目设计等对学生的认知、能力及态度进行综合评价。

参考文献

鲍丙刚, 陈艳东, 李新春. 2015. 医学生职业发展与就业指导. 上海: 第二军医大学出版社
陈兰云, 王凯. 2015. 大学生就业指导. 北京: 中国医药科技出版社
陈兰云, 王冬杰, 李谭. 2017. 大学生就业指导. 北京: 科学出版社
何二毛, 冯霞. 2016. 大学生职业规划与创业导航. 北京: 科学出版社
胡剑锋等. 2015. 大学生职业发展与就业指导. 武汉: 武汉大学出版社
胡峥嵘. 2013. 大学生职业生涯规划与就业创业指导. 南京: 南京大学出版社
季跃东. 2012. 大学生职业发展与就业指导. 北京: 科学出版社
蒋乃平. 2010. 职业生涯规划. 北京: 高等教育出版社
李红, 方爱珍. 2008. 医学类专业大学生职业发展与就业指导. 北京: 高等教育出版社
李燕, 戴江明. 2013. 医科院校学生就业指导教程. 昆明: 云南人民出版社
吕春明. 2013. 职业生涯发展与规划. 南京: 江苏科学技术出版社
眭建. 2009. 医学生实习教程. 南京: 江苏大学出版社
孙学江, 陈养彬, 林松涛. 2013. 大学生就业能力训练教程. 杭州: 浙江大学出版社
王邦田, 魏萍, 刘海峰. 2014. 医学生就业指导. 广州: 广东高等教育出版社
肖俊涛. 2014. 大学生职业生涯规划. 天津: 天津大学出版社
袁国, 谢永川. 2016. 高职大学生就业指导实用教程. 北京: 北京理工大学出版社